O MELHOR *caminho para* SUA VIDA

ZIG ZIGLAR

O MELHOR *caminho para* SUA VIDA

Uma solução divina e espiritual para você alcançar o sucesso permanente

Tradução de
Omar Alves de Souza

THOMAS NELSON BRASIL

Rio de Janeiro
2007

Título original
God's way is still the best way

Supervisão editorial	Nataniel dos Santos Gomes
Assistente editorial	Clarisse de Athayde Costa Cintra
Tradução	Omar Alves de Souza
Copidesque	Marcelo Barbão
Capa	Valter Botosso Jr.
Revisão	Margarida Seltmann Magda de Oliveira Carlos Cascardo Cristina Loureiro de Sá
Projeto gráfico e diagramação	Julio Fado

CIP-BRASIL. CATALOGAÇÃO-NA-FONTE
SINDICATO NACIONAL DOS EDITORES DE LIVROS, RJ

Z64c Ziglar, Zig, 1926-
O melhor caminho para sua vida — Uma solução divina e espiritual para você alcançar o sucesso permanente/Zig Ziglar; tradução Omar de Souza. - Rio de Janeiro: Thomas Nelson Brasil, 2007.

Tradução de: God's way is still the best way
Inclui bibliografia

ISBN 978-85-6030-344-1

1.Vida espiritual. I. Título.

07-3687. CDD: 234.12
CDU: 234

Rua Nova Jerusalém, 345 – Bonsucesso
Rio de Janeiro – RJ – CEP 21402-325
Tel.: (21) 3882-8200 – Fax: (21) 3882-8212 / 3882-8313
www.thomasnelson.com.br

A Julie Ziglar Norman, minha filha mais nova e a melhor editora com quem já trabalhei — a mais difícil, mas também a mais divertida.
Foi uma experiência muito agradável.
Obrigado, Julie.

Sumário

Prefácio

John Maxwell

Em 1974, eu, meu pai e meu cunhado participamos de uma conferência em Dayton, no Estado de Ohio. Milhares de pessoas lotaram o lugar para ouvir alguns dos maiores oradores dos Estados Unidos. Vários deles me impressionaram, mas uma pessoa, em especial, causou um forte impacto em minha vida. Zig Ziglar interagiu com a platéia de um modo que nunca esquecerei. Com seu humor, seu brilhantismo e suas idéias, ele arrebatou o coração de todas as pessoas que o ouviam. Mas foi sua fé em Deus, declarada abertamente, que comoveu meu coração. Com grande habilidade e experiência, Zig associou sua história de sucesso a Deus o tempo inteiro. Naquela noite, fiquei uma hora na fila para conhecê-lo, e fui embora com um exemplar autografado de *Eu chego lá! — Um guia otimista para vencer na vida.*[1]

Trinta anos depois, posso dizer que o entusiasmo que Zig sente por Deus ainda me comove. Como oradores, já dividimos palcos de um lado ao outro dos Estados Unidos, adoramos a Deus juntos, incentivamos um ao outro em alguns dos melhores campos de golfe do país e tivemos muitas oportunidades de conversar à mesa do jantar. Estive ao lado de Zig em seus momentos de maior glória, assim como nas horas mais sombrias, e a fé que ele demonstra ter em Deus sempre foi exemplar. *O melhor caminho para sua vida* é mais do que um título para este livro — é a própria história de vida de Zig Ziglar. Quando trabalhei como pastor da Igreja Wesleyana Skyline em Lemon Groove, na Califórnia, nossa congregação quis realizar um evento para alcançar a comunidade de executivos e empresários de San Diego. Convidamos Zig para ser nosso orador, e mais de 2,5 mil pessoas compareceram. E mais uma vez ele interagiu com a platéia, falando sobre a mensagem do Evangelho. Naquela noite, muitas pessoas deram o primeiro passo na jornada pessoal com Deus. Também naquele noite, iniciei minha jornada para aprender como levar a mensagem de Cristo a homens e mulheres de negócios.

O melhor caminho para sua vida me ajudou a integrar minha fé, dentro do ambiente do trabalho, para honrar a Deus e ser uma testemunha para aqueles que ainda não o conhecem. Depois de ler este livro, sinto-me feliz por poder compartilhar as reflexões a seguir com você.

Em primeiro lugar, *este livro é fonte de estímulo aos cristãos*. Qualquer pessoa que conheça Zig Ziglar não se surpreende com essa declaração. Encorajamento é o oxigênio da alma, e Zig está sempre injetando palavras de afirmação na vida de milhares de pessoas, inclusive na minha. Suas histórias sobre cristãos que fazem as coisas à maneira de Deus darão sustentação ao vôo dos leitores. O modo como essas pessoas conduzem a vida com caráter fortalecerá sua alma com a solidez do aço. A maneira criativa pela qual elas compartilham a fé estimulará sua mente.

Segundo, *este livro incentiva os cristãos a buscar uma vida espiritualmente atraente*. Sou uma pessoa privilegiada por conhecer alguns personagens destacados nesta obra. Eles demonstram diariamente o fruto do Espírito, e servem de exemplo de como aplicar a orientação de Jesus em Mateus 5:16: "Assim brilhe a luz de vocês diante dos homens, para que vejam as suas boas obras e glorifiquem ao Pai de vocês, que está nos céus." As histórias dessas pessoas o encorajarão a mostrar e falar aos outros que o caminho de Deus ainda é o melhor caminho.

Terceiro, *esta obra estimula os cristãos a falar de sua fé a outras pessoas*. Durante muito tempo, eles permaneceram calados quando saíam do ambiente da igreja ou da própria casa. Este livro está repleto de histórias verídicas de pessoas que compartilharam a mensagem de Cristo de maneira simples e eficaz todos os dias, onde quer que estivessem. E o último capítulo aborda, de maneira detalhada, como você também pode fazer sua luz brilhar sobre a vida de outras pessoas diariamente.

Meu amigo Zig Ziglar adora aquela velha canção que diz: "Leve o nome de Jesus [...] Leve esse nome sempre, em todo lugar." Nossa oração é para que, quando terminar de ler este livro tão inspirador, você leve o nome de Jesus aonde for. Ao fazer isso, muitas vidas serão transformadas e você dirá, assim como nosso amigo Zig: "O caminho de Deus ainda é o melhor caminho!"

Apresentação

Talvez você tenha reparado, ao longo dos últimos anos, que parece estar faltando uma presença cristã mais forte e positiva neste mundo. Apesar do que outras pessoas possam dizer, essa diminuição da influência cristã não é culpa da mídia, do governo, da educação, da indústria do entretenimento, da política ou de qualquer outro grupo da sociedade secular. Em minha opinião, a culpa está justamente na comunidade cristã: muitos cristãos simplesmente não agem como tal.

Cada vez mais cristãos parecem dar ouvidos àquela mentira de Satanás, segundo a qual não devemos falar em público a respeito de nossa fé, e que o certo é expressá-la em casa ou na igreja, já que nossas crenças espirituais constituem "questão pessoal". Não é de admirar que Satanás queira que nos calemos ao sair de casa ou da igreja. Para cada pregador entregando um sermão numa igreja há milhares de pessoas no mundo dos negócios que dispõem de várias oportunidades para falar do Evangelho em suas relações pessoais cotidianas.

O que Jesus deseja é que integremos nossa fé com todos os demais aspectos da vida, incluindo as relações profissionais. Afinal de contas, como Ed Silvoso salienta em seu livro *Anointed for Business* [Ungido para os negócios], Cristo era um homem de negócios: ele era um carpinteiro até dar início a seu ministério, aos trinta anos de idade. Além disso, os discípulos de Jesus também eram homens de negócios. Eram pescadores, coletores de impostos, médicos, pastores e fazendeiros — resumindo: todos eram homens de negócios.

É interessante observar que muitos dos milagres que Jesus realizou não foram no templo, mas do lado de fora, no *mercado*. Da mesma forma, ele não limitou seus ensinamentos aos cultos formais da sinagoga. Boa parte do ministério de Jesus se cumpriu enquanto ele circulava pelo *mercado*, interagindo com as pessoas que Deus colocava em seu caminho.[1]

Tal como Jesus e seus discípulos, nós também devemos levar nosso testemunho ao mundo dos negócios, ao nosso ambiente de trabalho e a todos os cantos de nossa vida cotidiana. Foi exatamente isso que uma senhora idosa de Tullahome, Tennessee, fez quando a conheci por intermédio de um parceiro de negócios, em 1972.

Uma senhorinha cheia de fé

A irmã Jessie era uma senhora miudinha, mas sua fé era poderosa. Fiquei tão intrigado com aquela mulher que a convidei para passar o feriado de 4 de julho em minha casa. Ela entrou pela porta da frente falando sobre Jesus, e saiu pelo mesmo lugar três dias depois... falando sobre Jesus. *Jesus, Jesus e mais Jesus*. Cada palavra que ela pronunciava era um louvor a seu Senhor e Salvador, Jesus. Ela falava do amor e da misericórdia do Filho de Deus, do grande sacrifício que ele fizera na cruz para nos salvar do pecado e da morte.

Ela insistiu bastante comigo para que eu entregasse minha vida a Deus, e as palavras que disse caíram no solo fértil de meu coração. Fui para a cama pensando sobre as coisas que a irmã Jessie tinha dito, e acordei na condição de uma nova criatura em Cristo. Não houve nenhum espetáculo de fogos de artifício, apenas uma fé profunda e sólida de que nunca mais seria o mesmo Zig de antigamente. Havia sido transformado numa nova criatura, e assim como a irmã Jessie, queria contar a todo mundo sobre Jesus.

Levando Jesus ao ambiente profissional

Como era um cristão recém-convertido, fiquei admirado quando vários amigos e colegas de trabalho bem-intencionados disseram que eu não deveria falar a respeito de minha fé em público, pois isso arruinaria a minha carreira. Felizmente, o Espírito Santo trabalhou em meu coração e senti a convicção de que seria terrivelmente errado dar ouvidos aos conselhos daquelas pessoas. Desde aquele tempo até hoje, não escondo minha principal identidade: sou uma testemunha de Jesus Cristo. Fiz da fé parte integrante de meus livros e de cada uma de minhas apresentações. Independentemente da platéia a quem estou me dirigindo, tudo o que faço é parafrasear a Bíblia, alterná-la com histórias interessantes e contar algumas piadas.

Quer saber se falar de minha fé em Jesus Cristo destruiu minha carreira? A resposta é um sonoro "não"! Sinto-me extraordinariamente grato quando digo que, por mais de 35 anos, nunca precisei pedir para falar em lugar nenhum, e não tenho nenhum agente literário para convencer editoras a lançar meus livros. A razão é muito simples: a Palavra de Deus não volta vazia, mesmo quando é parafraseada. As pessoas buscam mais a verdade hoje em dia do que em qualquer outra época. Elas estão famintas por conhecimento espiritual e sedentas por algo capaz de libertá-las: a pessoa de Jesus Cristo, meu Senhor e Salvador.

O palanque não é o único lugar em que falo sobre Jesus. Ele é tema de minhas conversas com as pessoas que sentam ao meu lado quando viajo de avião. Falo dele nos restaurantes, na fila da lanchonete, no supermercado, no banco, na lavanderia. Qualquer lugar aonde vou é apropriado para falar a respeito de Jesus.

Quando entreguei meu coração a Cristo, cada aspecto de minha vida mudou de modo radical para melhor. Tornei-me uma nova criatura, e não demorou muito para aprender que as possibilidades divinas são infinitamente maiores do que as permissividades humanas. Na condição de um cristão renascido, queria tomar decisões coerentes com a minha fé, e fiquei muito mais atento à minha responsabilidade de ser um digno representante de Jesus. Pedi a Deus que removesse a tentação de minha vida, de modo que eu pudesse me concentrar apenas nele, sem qualquer tipo de distração. Também pedi que me ajudasse com essa tarefa de falar aos outros a respeito dele e de seu amor. Deus honrou a minha oração, e tenho sido submisso, falando a inúmeras pessoas com quem ele me permite compartilhar a mensagem do Evangelho, não apenas na igreja, mas também no mundo dos negócios.

Fico só imaginando o reavivamento que ocorreria se todos os cristãos vivessem de acordo com a Palavra de Deus e falassem a respeito desse amor pelo Pai celestial no *mercado* de suas vidas!

Cristãos que não têm medo de serem politicamente incorretos estão ajudando a mudar o coração das pessoas. Este livro está repleto de histórias sobre homens e mulheres que falam sobre Deus em lugares onde fazer isso é geralmente considerado algo inaceitável. Cada vez mais cristãos estão levando a mensagem do Evangelho ao ambiente de trabalho, aos escritórios das grandes corporações, aos conselhos das empresas e até a sala do cafezinho.

Princípios bíblicos no ambiente de trabalho

Em fevereiro de 2003, acordei com um pensamento tão irônico que não consegui mais voltar a dormir. Há chances consideráveis de que poucas grandes corporações — principalmente quando se trata de empresas de capital aberto — dêem permissão para que sejam realizados estudos bíblicos dentro de suas dependências. Muitas delas proíbem até mesmo que se converse sobre religião dentro do horário de trabalho, nos escritórios; em muitos casos, ter uma Bíblia sobre a mesa não ajuda muito na evolução da carreira profissional, mesmo que a pessoa só a leia durante os intervalos.

A ironia é simplesmente a seguinte (e quando Deus colocou isso em minha mente, quase morri de rir): você não pode realizar estudos bíblicos na empresa em que trabalha, mas se não seguir os princípios da Bíblia em seu ambiente profissional, sua carreira não será das mais promissoras!

É neste ponto que desejo chegar: para ser um bom funcionário, é preciso obedecer aos Dez Mandamentos. Precisa trabalhar com dedicação, ser uma pessoa confiável, honesta, sincera, comprometida com o sucesso da empresa, capaz de dar o melhor de si em qualquer situação, ser gentil com os colegas de trabalho; enfim, ter todas as características positivas que se espera de um funcionário — virtudes que, não por acaso, são as mesmas que podemos encontrar na Bíblia! Basta se envolver em uma fraude na empresa para dar adeus ao emprego; se você decidir aparecer apenas duas vezes por semana no escritório, logo será chamado para assinar a carta de demissão; se matar uma pessoa dentro da empresa, sua carreira estará arruinada de vez. Assim, o que as empresas estão dizendo é: "Não vamos permitir a você estudar a Bíblia aqui dentro, mas se você não obedecer aos princípios contidos nela, está no olho da rua!"

Como já mencionei, essa revelação provocou um forte impacto em mim, e inspirou-me a escrever este livro. Dessa forma, poderia apresentar aos leitores, alguns homens e mulheres que, tal como eu, estão levando a mensagem de Jesus consigo ao ambiente profissional. Eles têm falado sem reservas a respeito de Jesus, e o comportamento que apresentam em relação às outras pessoas é notável, além de maravilhosamente diferente. Cristãos que fazem o possível para agradar a Deus são tão envolventes, em termos espirituais, que as pessoas acabam querendo saber o que os leva a se destacar das demais.

Os homens e as mulheres que você conhecerá neste livro estão fazendo as coisas à maneira de Deus — e a vida dessas pessoas demonstra que o caminho de Deus ainda é o melhor caminho! Ao integrarem a fé com todas as outras áreas da vida, eles encontraram alegria e satisfação na carreira profissional, vivem em ambientes familiares nos quais Cristo é o centro de tudo e fizeram imensas contribuições à sociedade. Eu mesmo posso testemunhar que a abordagem bíblica e espiritual que essas pessoas fazem da vida lhes permitiu alcançar uma paz que ultrapassa toda compreensão. Aprendi com muitas delas que fazer as coisas à maneira de Deus conduz a uma prática profissional mais saudável, e que as maiores bênçãos divinas são, como gosto de dizer, aquelas coisas que o dinheiro não pode comprar!

Vocês os reconhecerão por seus frutos

Em seu Sermão da Montanha, Jesus narra esta parábola:

> Vocês os reconhecerão por seus frutos. Pode alguém colher uvas de um espinheiro ou figos de ervas daninhas? Semelhantemente, toda árvore boa dá frutos bons, mas a árvore ruim dá frutos ruins. A árvore boa não pode dar frutos ruins, nem a árvore ruim pode dar frutos bons. Toda árvore que não produz bons frutos é cortada e lançada ao fogo. Assim, pelos seus frutos vocês os reconhecerão! (Mateus 7:16-20)

Ao longo do Novo Testamento, os escritores usam a metáfora do "fruto" para descrever a expressão externa da obra interior que o Espírito Santo realiza na vida do cristão. O fruto é, simplesmente, o caráter do Senhor Jesus, que flui na vida dos cristãos transformados em novas criaturas. O fruto do Espírito Santo pode ser imediatamente identificado na vida daqueles que o receberam.

Em Gálatas 5:22-23, o apóstolo Paulo destaca o que caracteriza o fruto do Espírito Santo na vida cotidiana: "Mas o fruto do Espírito é amor, alegria, paz, paciência, amabilidade, bondade, fidelidade, mansidão e domínio próprio." Neste livro, examinaremos em profundidade cada uma dessas nove características, enquanto observamos como esses homens e mulheres demonstraram, de maneira eficaz, o fruto do Espírito no ambiente profissional. Espero que você também deseje ter, tal como essas pessoas, um relacionamento íntimo com Cristo, e que o exemplo delas sirva de inspiração para assumir o mesmo estilo de vida piedoso.

Na "Parte I", analisaremos o fruto do Espírito Santo que vem do interior: amor, alegria e paz. Essas histórias demonstram claramente como os cristãos podem colocar em prática esse fruto interior para glorificar o Rei. Quando um cristão é cheio do Espírito

Santo, é tomado de amor, alegria e paz. A identidade interior dessas pessoas percebe o mundo que as cerca com o coração de Cristo, e elas reconhecem como o comportamento que apresentavam no passado entristecia a Deus. A magnitude da dor que sentem leva os cristãos a um grau de arrependimento que jamais acharam ser possível. O resultado desse processo é a purificação em relação ao pecado e à culpa — algo muito bonito de se ver.

Na "Parte II", examinaremos a vida de homens e mulheres que apresentam o fruto exterior do Espírito Santo: paciência, amabilidade e bondade. Esse fruto é a expressão externa do amor, da alegria e da paz que o Espírito Santo proporciona à vida interior. As pessoas que conhecem o amor de Cristo sentem alegria mesmo em meio à tristeza, e vivem numa paz que só um relacionamento profundo e íntimo com Jesus é capaz de gerar. Amor, alegria e paz manifestam-se em forma de paciência, amabilidade e bondade, as quais são facilmente identificadas como os frutos exteriores de uma vida plena em Cristo. Os frutos externos são nada menos do que aqueles que podem ser vistos na maneira como uma pessoa se relaciona com as demais.

Na "Parte III", leremos sobre os frutos de um cristão direcionados para o alto, para Jesus: fidelidade, mansidão e autocontrole. Todos eles, acredito, tornam-se mais visíveis conforme o cristão amadurece em seu relacionamento com Cristo. Quanto mais longe chegamos nesse relacionamento, quanto mais aprendemos a respeitar a santidade do Filho de Deus, mais mansos nos tornamos em relação ao Amado e às outras pessoas. Quanto mais cresce a fé, mais constante e firme é a fidelidade do cristão. E o autocontrole é, para muitos cristãos, um processo, não um evento isolado. Conforme vivemos e caminhamos com Cristo, nosso autocontrole se aprimora.

Por fim, na "Parte IV", veremos o relato inédito da transformação inspiradora pela qual minha neta passou, deixando uma vida de pecado e sem esperança para encontrar a alegria de servir a Deus. Em seguida, darei a você uma oportunidade de procurar o fruto que habita em seu coração (ou a falta dele). Minha oração é que, se não há fruto, você encontre inspiração para descobrir o motivo e fazer o possível para colocar a vida nas mãos do Pai. Fechando o livro, apresentarei algumas maneiras simples e agradáveis de iniciar conversas sobre sua fé em Cristo com qualquer pessoa no *mercado* de sua vida.

Todas as pessoas que você conhecerá neste livro nutrem um amor inspirador por Jesus Cristo. Vivem para agradar, obedecer e servir a Deus. A alegria que elas possuem e o amor de Deus estão sempre presentes, sem sombra de dúvida... e isso, meu amigo ou minha amiga, é o fator que os distingue. A Deus seja a glória!

Se você tem se perguntado como fazer para permitir que a luz de Cristo brilhe por intermédio de sua vida, então tem em suas mãos o livro certo. Se está questionando sua fé cristã, também está diante do livro certo. E se deseja viver para Jesus Cristo, mas não tem muita certeza das implicações dessa decisão, então ainda está lendo o livro certo.

No fim, a verdade revigorante e irresistível que você encontrará nas próximas páginas é esta: o caminho de Deus ainda é o melhor caminho!

Parte I:

O FRUTO INTERIOR DO ESPÍRITO

Capítulo 1

Amor

Assim conhecemos o amor que Deus tem por nós e confiamos nesse amor. Deus é amor. Todo aquele que permanece no amor permanece em Deus, e Deus nele.

(1 João 4:16)

Como o trecho das Escrituras acima descreve, os personagens das duas histórias a seguir receberam a Deus (que é amor) de maneira plena. Deus claramente permanece na vida de Truett Cathy, e a prova de que habitou a vida de John J. Eagan é irrefutável.

Truett Cathy e John J. Eagan amaram as pessoas que trabalharam para eles de uma maneira que causava certo espanto nos líderes do mundo dos negócios considerados "normais". Ambos ousaram se preocupar com seus funcionários. Quer saber qual era a motivação desses homens? Simplesmente o amor de Cristo que transbordava de suas vidas e alcançava outras à sua volta.

Gosto de dizer que o dever nos obriga a fazer as coisas direito, mas o amor nos leva a fazer as coisas com graciosidade. Prossiga na leitura e veja como é possível trabalhar com essa mesma graça no mundo dos negócios.

Truett Cathy

Assim sabemos que amamos os filhos de Deus: amando a Deus e obedecendo aos seus mandamentos.

(1 JOÃO 5:2)

Uma das pessoas de quem mais gosto, e que constitui um exemplo de discípulo de Cristo que leva sua fé ao ambiente profissional, é Truett Cathy. Da mesma forma, admiro a maneira pela qual ele tem administrado, com sucesso, sua rede de restaurantes especializada em lanches rápidos à base de frango, a Chick-fil-A.

Truett cresceu durante os anos da Grande Depressão. É muito humilde, sábio e eficaz em todas as coisas que se propõe a fazer. Seu primeiro restaurante, The Dwarf Grill, depois rebatizado The Dwarf House, foi onde começou a se valer de princípios bíblicos em seu estilo de administração. Truett levava muito a sério o mandamento de Deus para descansar no *shabat* (Êxodo 20:8-10), por isso não abria aos domingos.

Às vezes, fazer as coisas à maneira de Deus envolve um certo grau de risco. A Bíblia declara com clareza que, quando seguimos a Cristo e agimos de acordo com os princípios cristãos, podemos ter certeza de que vamos correr riscos. Quando Truett Cathy começou a inaugurar lojas da Chick-fil-A em *shopping centers*, recebeu o aviso de que teria de mantê-las abertas no domingo. Com muita firmeza, ele se recusou a fazê-lo, e por conta do sucesso e do grande respeito que sua empresa conquistara no mundo dos negócios, os *shoppings* abriram uma exceção, permitindo que ele fechasse suas lojas aos domingos.

Os *shoppings* eram os únicos lugares nos quais as lojas da Chik-fil-A funcionavam durante os primeiros vinte anos de atividade da rede. Hoje em dia, há mais de 1,3 mil restaurantes em 37 estados norte-americanos e na cidade de Washington. Também é possível comprar sanduíches deliciosos da Chick-fil-A em quiosques, lojas do tipo *drive-thru* e até em pontos de venda franqueados em hospitais, aeroportos, centros industriais e de negócios, além de faculdades. Nenhuma dessas filiais abre aos domingos... e o Senhor abençoou a fidelidade de Truett Cathy. Por quatro vezes em cinco anos, a revista *Quick Service Restaurant* (*QSR*) classificou a Chick-fil-A como "o melhor *drive-thru* dos Estados Unidos". Em 2006, as vendas de toda a rede Chick-fil-A superaram a marca de 2,275 bilhões de dólares, o que representou um aumento da ordem de 15,16%. Com isso, as vendas da rede mantiveram índices de crescimento pelo 39.º ano consecutivo, um feito notável.

Por se tratar de uma empresa privada, a Chick-fil-A pode realizar muitas coisas com os recursos de que dispõe. A companhia oferece uma bolsa de estudos de mil dólares aos integrantes das equipes que trabalham nas lojas, com base na recomendação de seus gerentes. Quem recebe o benefício pode escolher a faculdade de sua preferência. Até a época em que este livro foi escrito, a empresa já havia oferecido 20 mil bolsas de estudo.

A Chick-fil-A também tem um índice muito baixo de rotatividade, quando se trata de funcionários da área administrativa. Um dos principais benefícios de que os funcionários dispõem é o fato de poderem ficar com as famílias e ir à igreja aos domingos.

Truett Cathy não apenas coloca em prática o princípio bíblico do descanso no *shabat*, como também a vida desse empresário evidencia seu amor sincero pelas pessoas, que é o fruto do Espírito que desejo destacar ao contar essa história. Truett ama demais as crianças que, pelas mais variadas razões, não podem viver com a família. Há mais de 25 anos, ele abriu as portas de sua casa para elas.

Por causa desse desejo de ajudar as crianças, em 1984 Truett Cathy inaugurou uma fundação de caridade chamada WinShape Centre Foundation. Além de um programa de bolsas de estudo universitário e do Camp WinShape, a fundação também apóia os WinShape Homes, que oferecem um ambiente familiar estável e cheio de carinho para crianças à espera de adoção. A informação a seguir, que está no *site* da organização, mostra tudo isso com tanta clareza que nem me atrevo a tentar explicar melhor!

> O WinShape Homes foi criado como um programa de longo prazo para apoiar crianças adotivas que precisam desesperadamente de um ambiente familiar de carinho. S. Truett Cathy inaugurou esse programa com o objetivo de oferecer às crianças uma oportunidade de desenvolver seu potencial e se tornar aquilo que desejam ser.
>
> Por meio do programa WinShape Homes, é estabelecido um ambiente familiar natural, com dois pais remunerados trabalhando em tempo integral e até doze crianças em cada lar.
>
> Atualmente, há doze WinShape Homes em funcionamento: oito na Geórgia, duas no Tennessee, uma no Alabama e outra no Brasil.
>
> Enquanto, em outros programas, as crianças precisam deixar o lar e viver por conta própria a partir dos dezoito anos de idade, o WinShape incentiva e apóia a freqüência na universidade e a continuidade do relacionamento com os pais e a família.
>
> As crianças são incentivadas pelos pais adotivos e pelo WinShape a considerar seus lares adotivos como os verdadeiros e permanentes, aos quais podem voltar nos fins de semana e nas férias.
>
> O WinShape Homes também se beneficia do evento esportivo Chick-fil-A Bowl, reconhecido como o que oferece mais doações a projetos de caridade. O WinShape recebeu aproximadamente 1 milhão de dólares desde que se tornou beneficiário do Chick-fil-A Bowl, em 1998.[1]

Truett Cathy investe tempo, dinheiro e amor para ajudar órfãos e crianças adotivas a se tornar tudo aquilo que podem ser. Ele também sente um grande prazer por ver sua família envolvida nos negócios da empresa. A esposa de Truett Cathy é uma grande apoiadora e exerce uma forte influência na vida do marido. Os filhos também trabalham com ele. Dan, o mais velho, atualmente é presidente e diretor de operações da rede.

Truett Cathy segue os princípios bíblicos em todas as áreas de sua vida, e o filho Dan age da mesma maneira. Por várias vezes tive o privilégio de ministrar palestras na Chick-fil-A. Minha esposa e eu costumamos comer nas lanchonetes da rede para saborear os sanduíches e outros itens do cardápio. O que sempre nos impressiona é a cortesia e a eficiência dos jovens que trabalham na empresa. Fica evidente a gratidão que sentem por terem sido contratados. A Chick-fil-A é uma empresa que, trabalhando a partir de bases bíblicas, oferece oportunidades iguais a todos e uma grande contribuição para a sociedade.

Qualquer pessoa que já teve o prazer de conhecer Truett Cathy sabe que ele tem um coração maior do que o tamanho do Estado do Texas. Que todos nós tenhamos o desejo de ser cada vez mais parecidos com Jesus Cristo, e persigamos esse objetivo de tal modo que, quando as pessoas olharem para nós, possam ver o mesmo tipo de amor que Truett Cathy demonstra ter por Cristo e pelo próximo.

John J. Eagan

Assim, em tudo, façam aos outros o que vocês querem que eles lhes façam; pois esta é a Lei e os Profetas.

(Mateus 7:12)

A American Cast Iron Pipe Company (Acipco), de John J. Eagan, completou um século de existência, e entrou na lista das "cem melhores empresas" da revista *Fortune* por oito anos consecutivos. O sonho, iniciado no início do século passado, teve como base a decisão tomada por um homem de honrar seu Senhor e Salvador e mudar os próprios fundamentos sobre os quais uma indústria de sucesso poderia ser edificada.

A visão de John Eagan, de construir uma fábrica de canos e tubos, surgiu como resultado do amor pelo próximo que Deus colocou em seu coração, o que ficou patente em seu desejo de levar condições de higiene e água potável para os filhos de Deus que não dispunham dessas coisas tão essenciais. Ele era freqüentador assíduo de sua igreja e praticante dedicado das Escrituras. Sua Bíblia original, de 1901, fica guardada em uma caixa de vidro na sede da Acipco, em Birmingham, no Estado do Alabama, sempre aberta em Mateus 7:12, o versículo geralmente conhecido como a Regra de Ouro: "Assim, em tudo, façam aos outros o que vocês querem que eles lhes façam; pois esta é a Lei e os Profetas."

John era respeitado e admirado por seus funcionários numa época em que os capitalistas da indústria olhavam para as organizações de trabalhadores com desprezo. Mas ao contrário dos mais notórios capitalistas de seu tempo, Eagan era um cristão, e o Espírito Santo lhe concedeu um amor cheio de compaixão pelas pessoas que acabou se estendendo ao relacionamento com os funcionários de sua empresa. Para ele, a vida e os negócios deveriam ser vividos de acordo com a Regra de Ouro, e não deveria haver exceções.

Apesar da discriminação racial que existia nos Estados Unidos antes da Primeira Guerra Mundial, Eagan optou por fazer diferente usando as informações sobre administração contidas no maior manual de liderança já escrito, a Bíblia. Para alcançar esse objetivo, ele dedicou os últimos anos de sua breve, mas profícua, vida para corrigir os problemas do sistema industrial e implementar um modelo de negócios que continuou funcionando nas gerações seguintes, garantindo orgulho e dignidade profissional, além de se revelar extraordinariamente eficiente.

E o que há de tão singular numa fábrica que funciona a partir de princípios bíblicos? Uma das diferenças é que a empresa coloca a Regra de Ouro em prática ao incluir a voz dos trabalhadores na hora de tomar decisões administrativas. Pessoas que trabalham na Acipco dizem que, até onde têm conhecimento, o modelo de liderança representativa da companhia é diferente do de qualquer outro no mundo. Na Acipco, o conselho de operários é eleito pelos funcionários remunerados, e esse grupo escolhido, que cumpre um mandato, assessora o conselho gestor e atua como ponte entre os trabalhadores e os administradores da empresa. Os dois grupos formam o conselho administrativo que, em seguida, elege o conselho diretivo.

O histórico dos componentes do conselho é tão singular quanto o sistema que os elege. Gente das comunidades financeira e acadêmica, das associações de consumidores e um representante da sociedade local fazem parte da variedade demográfica do conselho diretivo. Além disso, desde a morte da viúva de John Eagan, um cargo da diretoria é ocupado, por alternância, entre o filho, Bill Eagan, e a filha, Ann Goodhue. Isso significa que a organização concentrou a condução dos negócios mais nas famílias dos funcionários e executivos do que em qualquer outro plano preestabelecido de manter o controle nas mãos da família do fundador.

Já em 1912, a Acipco forneceu instalações para banheiro com água corrente quente e fria para todos os funcionários. Tendo em mente que a saúde e a dignidade dos operários era importante para manter o moral e a eficiência elevados, Eagan criou sistemas para promover condições de higiene e segurança, e programas de bonificações com distribuição de lucros. Já em 1916, todos os funcionários e suas famílias dispunham de serviços médicos, e toaletes sanitários foram instalados na área de fundição naquele mesmo período. Lembro, mais uma vez, que aquela era uma época da história norte-americana na qual a discriminação racial era um grande problema, e a filosofia de vida e comportamento de John Eagan, baseada na Palavra de Deus, promoveu muitas mudanças radicais.

A vida de oração de John Eagan era central em todas as coisas que ele fazia. Era conhecido por orar de modo diligente para que a vontade de Deus se cumprisse na vida de seres humanos de todas as raças — algo muito progressista para aqueles dias. Embora se considerasse indigno, pedia ao Senhor que o usasse para sua glória, e que o tornasse uma pessoa mais preocupada com o bem-estar dos outros do que com o próprio. Esse traço de seu caráter ficava logo evidente para qualquer um que observasse como Eagan se relacionava com as pessoas em sua vida. Ele orava para que Deus direcionasse seus passos, e que sempre o lembrasse de que tudo quanto possuía pertencia ao Senhor.

Eagan se comprometeu a fazer o que ele acreditava ser a vontade de Deus nos negócios. Toda iniciativa humanitária que proporcionou um ambiente de trabalho melhor para os funcionários da Acipco foi resultado da disposição que John Eagan tinha de ter para fazer o que ele sentia que era a vontade do Pai celestial a fim de glorificá-lo.

John obedecia à orientação bíblica de entregar o dízimo (doação de 10% da renda da pessoa à igreja) desde a juventude, e dedicou 100% da própria vida como sacrifício vivo, ao se tornar o homem que Deus queria que ele fosse. Como superintendente da escola dominical da igreja presbiteriana, em 1900, John insistia na publicação dos nomes das crianças da igreja que se destacavam na escola. Essa forma tão simples de reconhecimento posteriormente levaria muitos de seus alunos da escola dominical a desempenhar papéis de proeminência na liderança daquela igreja.

O amor de John pelas pessoas continuou a se evidenciar no interesse que ele demonstrava em promover uma educação digna para as crianças menos privilegiadas que viviam em situação degradante e de miséria, como acontecia em algumas áreas. Essa paixão tão intensa no coração de uma pessoa que nunca chegara a completar o Ensino Médio era temperada com uma sabedoria que o levou a ser convidado pelo governo norte-americano, na condição de empresário de destaque, a ajudar na redefinição do cenário da indústria do país no início do século XX.

Depois do fim da Primeira Guerra Mundial, os jovens negros que haviam servido à pátria nos campos de combate e na marinha voltavam à vida civil com pouco ou nenhum estudo. Esse problema, assim como a reestruturação da organização racista Ku Klux Klan, se transformou numa nova cruzada para John Eagan, que acreditava, com toda a convicção, que todos os seres humanos foram criados em igualdade. A correspondência trocada entre o empresário e a comissão penitenciária da Geórgia, na qual ele solicitava uma visita a um dos presídios, mostra seu forte compromisso com o bem-estar de toda a humanidade.

Junte tudo isso à visão estratégica que ele tinha para a Acipco, que incluía tratamento igual a todos os funcionários, e você entenderá por que Eagan não queria que seus funcionários fizessem parte de nenhum dos sindicatos daquela época — que não aceitavam negros como membros. Ele optou por não misturar-se com aqueles que faziam vista grossa ao racismo ou o aceitavam como um mal necessário aos negócios. Eagan estava determinado a deixar um legado que incluísse bênçãos e oportunidades para todos os filhos de Deus.

Ao contrário de muitas religiões que grassam sobre a terra, o Cristianismo apresenta o princípio bíblico do plano de sucessão. A metodologia por trás desse princípio prevê que todas as pessoas envolvidas no processo compreendam a visão e a missão para, em seguida, fornecer a orientação àqueles que serão incumbidos da realização das respectivas tarefas. Ao seguir, em seu ramo de negócios, os mesmos preceitos que Cristo usou quando escolheu os discípulos para levar sua mensagem e seu ministério para o mundo, John Eagan implantou, de modo gradual, mas firme, a mesma filosofia na administração na Acipco. Todos aqueles que faziam parte da família eram incentivados desde cedo, e com freqüência, a pensar no legado de boa vontade e sucesso que poderiam deixar para as gerações seguintes. Assim como Jesus convocou os discípulos para se tornarem "pescadores de homens" (Mateus 4:19; Marcos 1:17), John pagava bonificações aos funcionários da Acipco e oferecia a eles mais do que jamais poderiam imaginar receber de uma fábrica no Alabama da década de 1920. O orgulho formado na vida daqueles primeiros operários logo se espalhou, e a empresa tornou-se o lugar onde as pessoas queriam trabalhar.

John Eagan morreu em março de 1924. Assim começou um legado que se tornaria ainda maior nas sete décadas e meia seguintes, e mais além. Hoje em dia, outras empresas foram encampadas pela Acipco e trabalham segundo a filosofia de Eagan, que é a de cuidar dos funcionários. Algumas práticas podem variar de acordo com a natureza do trabalho ou da localização da empresa, mas a Regra de Ouro dos negócios é colocada em prática em todas as fábricas.[2]

John J. Eagan foi obediente à Palavra de Deus, assegurando-se de que sua empresa funcionasse segundo os princípios divinos, e até o dia de hoje os funcionários da Acipco e das subsidiárias colhem os benefícios do fruto do amor daquele empresário.

Capítulo 2

Alegria

Tenho lhes dito estas palavras para que a minha alegria esteja em vocês e a alegria de vocês seja completa.

(João 15:11)

A vida de Brian Buffini e de Jim e Naomi Rhode demonstra o fruto interior que possuem em comum: a alegria! Alegria, deleite, contentamento e júbilo são emoções que procedem do Espírito Santo.

Essas três pessoas se maravilham com a alegria que transborda de sua vida, e desejam que outras pessoas tenham essa mesma sensação de júbilo e satisfação. Ao ler sobre o ministério confiado a elas e como conseguiam combinar o trabalho e a fé, pense em como compartilhar a fé em Jesus pode se tornar uma extensão natural daquilo que você já faz. Ajude a disseminar essa alegria!

Brian Buffini

Mesmo não o tendo visto, vocês o amam; e apesar de não o verem agora, crêem nele e exultam com alegria indizível e gloriosa.

(1 Pedro 1:8)

Brian Buffini é presidente do conselho administrativo e fundador da Buffini & Company, a maior empresa de treinamento individual e orientação profissional dos Estados Unidos. Ele e a esposa, Beverly, estão colhendo um sucesso fenomenal em todas as áreas da vida. A situação dos negócios da família é extraordinária, o casamento é muito feliz e os dois mantêm uma excelente relação com os seis filhos. Eles conseguiram tudo isso seguindo princípios bíblicos na vida pessoal e familiar, e na condução dos negócios.

Li o livro de Brian, *Ah, a propósito...*, pois fui convidado a dar uma palestra na empresa da família, e queria saber tudo quanto pudesse a respeito dela. Fiquei fascinado pelos conceitos que ele apresenta, assim como pelos resultados espetaculares que a Buffini & Company alcançaram, por isso liguei e pedi para visitar a empresa na companhia de meu filho.

Nosso passeio pelas instalações daquela organização foi uma experiência extraordinária e muito prazerosa. Fui apresentado a quase trezentas pessoas, todas elas muito envolvidas em suas atividades profissionais. Fiquei bastante impressionado com o espírito da empresa: o entusiasmo dos funcionários, o amor que demonstravam uns pelos outros, o compromisso com aquilo que estavam fazendo, a eficiência com a qual cumpriam seus papéis de maneira relevante. Quando vi tudo aquilo acontecendo, percebi na hora que queria que nossa empresa também fizesse parte do que estava sendo feito naquele lugar. Também entendi que, se aplicássemos os princípios que eles estavam ensinando, seríamos beneficiados.

Neste momento, tenho certeza de que você está se perguntando o que faz de Brian Buffini uma pessoa fora do comum, por isso vou dizer. Trata-se de um imigrante irlandês. Era filho de um pintor de paredes de Dublin, onde o pai e o avô o ensinaram muitos princípios norteadores importantes, os quais ele continua colocando em prática até o dia de hoje. Entre todos os conceitos que aprendeu, um que sempre guardou em sua mente foi assimilado quando o avô visitava o lugar onde Brian trabalhava, via o que ele estava fazendo e perguntava: "Bem, você colocaria o seu nome nisso?" Se Brian, de fato, não pudesse assinar o trabalho que acabara de executar, o avô mandava fazer tudo de novo.

O mesmo nível de integridade e os mesmos valores fundamentais que aprendeu com o avô, Brian Buffini inseriu na Buffini & Company, o que fica comprovado pela fidelidade dos clientes que o apóiam. Os princípios do avô são orgulhosamente exibidos, hoje em dia, em um dos três valores fundamentais da empresa: "Excelência é nosso padrão básico!"

Quando Brian se mudou para os Estados Unidos, começou como corretor de imóveis. Depois de usar, sem muito entusiasmo, os métodos convencionais que aprendeu, como telefonemas e o contato porta-a-porta, por fim resolveu aplicar o princípio aprendido com o avô — o de colocar o nome em tudo quanto fazia diariamente. Essa iniciativa proporcionou um grande salto em sua carreira, e ele começou a fazer muitas vendas. No entanto, embora estivesse gostando do aumento nos resultados e, conseqüentemente, nos ganhos, Brian enfrentava uma luta na vida pessoal.

Ele já estava no ramo imobiliário há cerca de um ano e meio quando seu sucesso começou a ser notado pelos outros membros de sua igreja. Pediram a ele que desse aula numa turma da escola dominical; por causa disso, desenvolveu um curso de doze semanas, baseado em sete princípios bíblicos, sobre como fazer negócios. Ele ensinou esses princípios a uma turma de duzentos adultos, e seus ensinamentos se disseminaram como um incêndio florestal!

Cerca de oito semanas depois de iniciar as aulas, Brian passou a ter dificuldades para dormir. Aos poucos, começou a perceber que havia alguma incoerência entre aquilo que ele fazia todos os dias no trabalho e os princípios que estava ensinando na escola dominical. Então, comentou com a esposa:

— Preciso parar de dar aulas à minha turma.

— Bem, amor — respondeu Beverly —, por que você não faz o contrário: muda sua vida e passa a colocar em prática os princípios que ensina?

É só entregar um problema nas mãos de uma esposa amorosa e compreensiva e logo se chega à raiz da questão! Na mesma hora, Brian se comprometeu a planejar seu trabalho diário de acordo com os sete princípios distintos a seguir.[1]

OS SETE PRINCÍPIOS BÍBLICOS DO PROCESSO DE RECOMENDAÇÃO

1. ***Por que o processo de recomendação funciona?*** *Quando trabalhamos com empenho para o benefício dos outros, somos recompensados.*

Não se deixem enganar: de Deus não se zomba. Pois o que o homem semear, isso também colherá. Quem semeia para a sua carne, da carne colherá destruição; mas quem semeia para o Espírito, do Espírito colherá a vida eterna. E não nos cansemos de fazer o bem, pois no tempo próprio colheremos, se não desanimarmos. Portanto, enquanto temos oportunidade, façamos o bem a todos, especialmente aos da família da fé.

(GÁLATAS 6:7-10)

2. ***Como devemos servir a nossos clientes?*** *Colocando esses clientes e suas necessidades à frente da nossa.*

Nada façam por ambição egoísta ou por vaidade, mas humildemente considerem os outros superiores a si mesmos. Cada um cuide, não somente dos seus interesses, mas também dos interesses dos outros.

(FILIPENSES 2:3,4)

3. ***Como devemos planejar?*** *Planeje a glória e a honra de Deus em tudo quanto fizer e confie nele para lhe guiar em sua atividade profissional.*

Consagre ao SENHOR tudo o que você faz, e os seus planos serão bem-sucedidos.

Em seu coração o homem planeja o seu caminho, mas o SENHOR determina os seus passos.

Confie no SENHOR de todo o seu coração e não se apóie em seu próprio entendimento; reconheça o SENHOR em todos os seus caminhos, e ele endireitará as suas veredas.

(PROVÉRBIOS 16:3-9; 3:5,6)

4. ***Como devemos trabalhar?*** *Devemos trabalhar como se Deus fosse nosso patrão, e devemos tratar cada cliente da maneira que achamos que Deus gostaria que o tratássemos.*

Tudo o que fizerem, façam de todo o coração, como para o Senhor, e não para os homens, sabendo que receberão do Senhor a recompensa da herança. É a Cristo, o Senhor, que vocês estão servindo.

(COLOSSENSES 3:23,24)

5. ***Como devemos usar nossos dons?*** *Devemos usar todos os dons que Deus nos concede para a glória dele.*

O que tinha recebido cinco talentos trouxe os outros cinco e disse: "O senhor me confiou cinco talentos; veja, eu ganhei mais cinco." O senhor respondeu: "Muito bem, servo bom e fiel! Você foi fiel no pouco, eu o porei sobre o muito. Venha e participe da alegria do seu senhor!"

(MATEUS 25:20,21)

6. ***Para chegar ao máximo de nosso potencial, devemos estar continuamente comprometidos com o desenvolvimento pessoal.*** *Estude diariamente a Palavra de Deus, para que possa ter*

certeza do que Deus deseja que você faça em todas as circunstâncias de sua vida.

Portanto, irmãos, rogo-lhes pelas misericórdias de Deus que se ofereçam em sacrifício vivo, santo e agradável a Deus; este é o culto racional de vocês. Não se amoldem ao padrão deste mundo, mas transformem-se pela renovação da sua mente, para que sejam capazes de experimentar e comprovar a boa, agradável e perfeita vontade de Deus.

(Romanos 12:1-2)

7. ***O objetivo definitivo de nosso trabalho, nosso negócio e nossa vida.*** *Viva de tal forma que as pessoas a quem você serve queiram saber o que há em sua vida que lhe proporciona tanta alegria, satisfação e paz.*

Assim brilhe a luz de vocês diante dos homens, para que vejam as suas boas obras e glorifiquem ao Pai de vocês, que está nos céus.

(Mateus 5:16)

Assim que Brian passou a colocar em prática os princípios bíblicos que ensinava aos outros, sua carreira no ramo imobiliário decolou como um foguete. Embora muitos agentes imobiliários fechem muitos negócios quando trabalham aos domingos, inclusive abrindo imóveis para a visitação de clientes, Brian assumiu o compromisso de não trabalhar nesse dia — tirar um dia de folga em seu negócio tão próspero para honrar ao Senhor e ficar em casa com a família, que continuava crescendo. Deus honrou sua fidelidade, duplicando sua renda a cada ano durante cinco anos consecutivos. Em 2004, os negócios de Brian cresceram mais de 1.200% em relação ao ano anterior, e seus lucros também aumentaram na mesma proporção. Sem dúvida alguma, fazer as coisas à maneira de Deus é o melhor caminho a tomar!

Depois de algum tempo, o sucesso de Brian tornou-se ainda mais notável no mercado local, e no ramo imobiliário como um todo. Por fim, várias empresas e palestrantes de grande prestígio começaram a convidá-lo para falar sobre os sistemas tão simples que ele implementara em seu negócio. Não demorou muito para que descobrisse que profissionais de quase todo o ramo imobiliário estavam trabalhando e vendendo a partir de princípios diretamente opostos ao que ele colocava em prática. Continuavam fazendo aquelas ligações, usando o catálogo telefônico. Ainda batiam de porta em porta. Ainda passavam o fim de semana sentados diante de um imóvel para receber clientes ocasionais, comendo biscoitos enquanto esperavam que algum "comprador em potencial" os descobrisse.

O método que Brian empregava era surpreendentemente mais simples do que o convencional. Quando fechava uma negociação seguindo os sete princípios bíblicos, sabia que havia prestado um serviço tão bom que superava as mais altas expectativas do cliente. Conseqüentemente, se sentia à vontade ao dizer: "Ah, a propósito, se você conhece alguém que esteja pensando em comprar ou vender um imóvel e que gostaria de receber o mesmo tipo de atendimento que lhe ofereci, por favor, me passe o nome e o número do telefone. Ficarei feliz em procurá-la." E os clientes faziam isso mesmo. Eles o recomendavam uma, duas vezes, e continuavam indicando os serviços de Brian por causa dos princípios bíblicos que ele colocava em prática quando fazia negócios com os clientes. Brian os havia servido melhor do que esperavam, e por isso eles o recomendavam sem nenhum receio.

Um dos princípios bíblicos sobre os quais Brian edificou sua empresa pode ser encontrado em Filipenses 2:3, em que o apóstolo Paulo diz: "Nada façam por ambição egoísta ou por vaidade, mas humildemente considerem os outros superiores a si mesmos." Isso significa que ele colocava as necessidades de seus clientes antes das próprias necessidades.

Os convites para que Brian ministrasse palestras sobre motivação aumentaram. Toda vez que ele falava, compartilhava sem nenhum constrangimento os princípios bíblicos, assim como explicava como colocar em prática os passos necessários para viver de maneira coerente com esses conceitos. Cheio de entusiasmo, ele falava a platéias dos mais variados ramos de atividade industrial e comercial, ensinando que eles também poderiam fazer negócios a partir de recomendações, além de como organizar e classificar a base de dados simplesmente oferecendo um bom acompanhamento e servindo às pessoas de uma maneira que ultrapassasse suas expectativas.

Quanto mais numerosas eram as platéias às quais Brian falava, mais convites recebia e aceitava para dar palestras. Até que, certa vez, sua esposa, Beverly, que havia acompanhado e ouvido o marido em muitas oportunidades, disse: "Querido, você tem um dom, e precisa retribuir aquilo que recebeu." Sendo um sujeito inteligente, Brian deu ouvidos ao que a esposa dizia e fundou o que hoje é conhecida como Buffini & Company, que se baseia nos valores fundamentais que aprendeu com o avô e nos princípios bíblicos nos quais acredita com grande convicção.

Em apenas doze breves anos, Brian e Beverly transformaram a empresa na maior organização de treinamento individual e orientação profissional dos Estados Unidos. Para isso, usam três princípios centrais:

1. Vivemos o que ensinamos.
2. Colocamos em prática um tipo de liderança que sabe servir.
3. Excelência é nosso padrão básico.

Brian chegou à conclusão de que os seminários que ministra atualmente são muito parecidos com os eventos dirigidos por evangelistas. As pessoas ficam muito entusiasmadas com as coisas que ele ensina. No entanto, Brian sabe que, depois de evangelizar, é necessário discipular. Por isso, o discipulado, em seu sistema de treinamento, é resultado de orientação individual.

Para ensinar à sua equipe de mais de trezentas pessoas bem treinadas com o que parece uma liderança que serve, dentro da cadeia de comando, Brian se vale da Bíblia Sagrada. O próprio

Jesus realizou o maior seminário sobre gerenciamento da História, ao demonstrar aos apóstolos o que significava a liderança capaz de servir. Era muito comum, no tempo em que Jesus esteve na terra e todo mundo andava de sandálias, as pessoas chegarem em casa, se descalçarem e lavarem os pés sujos antes de jantar. A tarefa de lavar os pés de outra pessoa era considerada humilhante demais, até mesmo para um escravo. Mas Jesus, que desejava ensinar aos discípulos como deveriam servir às outras pessoas, lavou os pés de todos eles. Ao fazer isso, demonstrou o verdadeiro significado da liderança que serve (João 13:3-11).

Brian coloca esse conceito em prática na Buffini & Company. A liderança da empresa serve aos interesses dos funcionários (ela *lava os pés* deles) para que, como retribuição, esses funcionários sirvam aos clientes com igual disposição. Tanto no mundo dos negócios quanto na vida, é disso que se trata a liderança que serve.

"A virada estratégica de Brian Buffini." É assim que ele chama seus seminários. A princípio, ele jamais havia sonhado que se envolveria nesse tipo de negócio tão bem-sucedido e promissor. Ao aplicar os princípios bíblicos ao longo dos doze anos de atividade da Buffini & Company, a empresa alcançou uma taxa de crescimento anual de 87%. Eles receberam uma bênção muito maior do que seus sonhos mais ousados, e continuam a crescer por causa das recomendações diárias de clientes satisfeitos. Além disso, quando prepara uma palestra para qualquer platéia (algo que faz com freqüência), Brian ora com a esposa e os filhos, pedindo as bênçãos e a proteção de Deus para cada pessoa que o ouvirá. Ele coleciona algumas histórias fascinantes sobre pessoas que já comentaram o que significa para elas saber que foram alvo da oração de Brian e sua família.

Ele diz que o ponto da virada de sua carreira aconteceu quando decidiu implementar conceitos bíblicos nos negócios, e segui-los sem se importar com os custos pessoais ou financeiros. Brian fez a si mesmo a promessa de que os princípios da Bíblia seriam o critério que seguiria na hora de tomar qualquer decisão. Também aprendeu que, quando nossos valores estão claros, as decisões são bem mais fáceis.

Brian Buffini afirma: "A vida é muito boa! Deus sempre foi muito bom para mim, e continua sendo. Desejo esse tipo de bênção para todas as pessoas. E incentivo, exorto e desafio cada cristão que diz que crê no Senhor a colocar sua fé em ação."

A citação favorita de Brian é esta: "Divulgue o Evangelho o tempo todo, mas só use as palavras se for absolutamente necessário." Sua paixão, como cristão, é fazer exatamente isso. Brian deseja que as pessoas reconheçam o compromisso que ele tem com Cristo só de olhar para sua vida. Ele convida outros a conhecer o Deus que o abençoa tanto e adora compartilhar essa alegria do Senhor com seus irmãos e suas irmãs em Cristo.

Jim e Naomi Rhode

[...] espero visitá-los e falar com vocês face a face, para que a nossa alegria seja completa.

(2 João 12)

Jim e Naome Rhode podem garantir a você que o caminho de Deus, em qualquer situação, ainda é o melhor caminho, e que descobriram que isso é verdade em todas as áreas da vida. Um casal singular, que compartilha muitos interesses, Jim e Naomi são casados há cinqüenta anos. São os pais orgulhosos de três filhos que os abençoaram com doze netos. Uma das coisas que fazem dos Rhode um casal singular é o fato de cada um deles já ter cumprido um mandato como presidente da Associação Nacional de Oradores dos Estados Unidos. Naomi também foi presidente da Federação Internacional de Oradores Profissionais no período de 2005-2006. Durante esse ano em que ocupou o cargo, ela viajou ao redor do mundo duas vezes, e falou em nove países diferentes em nome da entidade.

Jim e Naomi Rhode receberam o Pioneer Award pelo trabalho de sua empresa, a Smart Health/Smart Practice, que possui ramificações na área de Odontologia e em muitas profissões ligadas à saúde. Por seguir princípios bíblicos na vida e na carreira, eles descobriram que podem ser bem-sucedidos se fizerem as coisas à maneira de Deus.

Os negócios da família Rhode empregam quinhentas pessoas na cidade de Phoenix, no Arizona; mais de cinco mil pessoas no mundo todo; e já alcançou um volume superior a 100 bilhões de dólares por ano. Os funcionários da empresa sabem que ela se baseia em valores cristãos muito sólidos, e por isso têm a expectativa de serem tratados com dignidade, que é o resultado natural de uma companhia construída sobre esses fundamentos. Tudo o que foi mencionado contribuiu, sem sombra de dúvida, para que Jim fosse considerado o empreendedor do ano no Estado do Arizona.

Conversando comigo, Naomi disse estar convencida de que, "na condição de cristãos, nos enclausuramos no conforto da igreja, em vez de concentrar nossos esforços em levar a mensagem da cruz às pessoas que estão no mercado". É claro que ela concorda que a igreja é o lugar para se adorar a Deus, para o cristão ser edificado na Palavra e experimentar a alegria da comunhão com outras pessoas que compartilham a fé. Mas enfatiza que uma das convicções fundamentais que compartilha com Jim é a de que "a igreja existe para ser um oásis permanente e revigorante, e não um lugar para montar acampamento". Ambos possuem a consciência de que ser um cristão não se resume a adotar um sistema de crenças, mas uma transformação radical da vida. E declaram: "Viver nossa fé causa sempre mais impacto do que falar dela."

Ao longo dos anos, encontrei-me com Jim e Naomi nas reuniões da Associação Nacional de Oradores, em cultos de adoração, em vários seminários e até em aeroportos, quando nossos itinerários se cruzam, de vez em quando. É uma delícia vê-los em ação. Naomi gosta demais do texto de Mateus 5:14,16, que nos exorta desta maneira: "Vocês são a luz do mundo. Não se pode esconder uma cidade construída sobre um monte [...] Assim brilhe a luz de vocês diante dos homens, para que vejam as suas boas obras e glorifiquem ao Pai de vocês, que está nos céus."

Jim é o principal responsável pela condução dos negócios da empresa, mas Naomi também se envolve ativamente. Quando o casal é convidado para falar aos domingos, eles se oferecem para dirigir um culto cristão interdenominacional para os participantes do seminário ou curso — gente que, normalmente, deixaria o local para procurar um lugar de adoração. Eles recomendam que seja realizado um encontro de trinta a sessenta minutos de duração antes do início do evento principal, e lideram o culto de adoração, no qual falam sobre um trecho das Escrituras e uma devoção. O casal incentiva os organizadores a incluírem música especial na programação para potencializar os cultos, e dão um jeito para que uma ou mais pessoas da platéia tenha oportunidade de compartilhar sua fé.

E pelo fato de parte considerável de seu trabalho estar relacionado com a área de saúde, Jim e Naomi costumam pedir a algum dentista ou médico que aceite o desafio de falar sobre uma experiência de viagem missionária pela qual tenham passado como forma de inspirar as outras pessoas a deixar a zona de conforto e compartilhar a fé. Eles costumam falar a um público de até oitocentas pessoas que participam desses cultos.

Como parte adicional de seu ministério, o casal Rhode costuma comprar caixas de bíblias que podem ser lidas no período de um ano a partir de um sistema que prevê quinze minutos de leitura diários. Essas bíblias são organizadas com leituras diárias do Antigo e do Novo Testamento, dos salmos e do livro de Provérbios. Naomi explica que, em muitas das oportunidades que tem de falar a grandes públicos, ela desafia a platéia a ler e freqüentemente pede às pessoas que digam quais os melhores livros que já tenham lido. Quase sempre se menciona a Bíblia. Quando chega o momento das perguntas e respostas, ela costuma dizer que a Bíblia é o melhor livro que ela leu em toda a sua vida. Naomi conta que ela e Jim lêem a Palavra de Deus em voz alta, quinze minutos por dia, até cobrir todo o conteúdo, de capa a capa. Explica como esse sistema funciona, e oferece um exemplar gratuito da Bíblia (em versão fácil de ler, como a *Bíblia viva*) a qualquer pessoa que se comprometa a fazer o mesmo.

Naomi diz: "Utilizo citações e exemplos das Escrituras nas palestras que faço com muita sensibilidade — depende do tempo que tenho para falar. Sempre é possível trabalhar a partir de um provérbio, de um salmo ou de um exemplo das Escrituras. Isso gera muitos comentários e questionamentos posteriores por parte da platéia, seja na fila de cumprimentos, durante um jantar, ou mesmo por correspondência.

O versículo favorito de Jim no que diz respeito aos negócios e às palestras é Provérbios 24:3-4: "Com sabedoria se constrói a casa, e com discernimento se consolida. Pelo conhecimento os seus cômodos se enchem do que é precioso e agradável." Ele costuma citar essa passagem diante das platéias às quais fala como um prefácio aos seus comentários. Naomi explica que, em mais de trinta anos falando em palestras, seminários e congressos quase semanalmente, nunca foi criticada por citar as Escrituras. Um golpe duro sobre aquela recomendação satânica de manter a fé como um assunto de caráter privado — tudo bem em casa e na igreja, mas nunca em lugares abertos!

Um dos versículos favoritos do casal está em Salmo 19:14: "Que as palavras da minha boca e a meditação do meu coração sejam agradáveis a ti, Senhor, minha Rocha e meu Resgatador!" Eles pedem a Deus que mostre com quem devem compartilhar cada refeição. Muitos participantes dos eventos de que eles participam tiveram a oportunidade de conhecer a Deus como convidados desses encontros à mesa, os quais Jim e Naomi vêem como um privilégio especial que lhes proporciona, de fato, uma grande alegria.

Naomi conta uma história clássica para ilustrar o hábito que mantém de orar pelas pessoas que a abordarão depois da palestra. Certa manhã, depois de falar num evento em Williamsurg, uma mulher a procurou e perguntou:

—Você é uma cristã, não é?

— Sim. E você, também é? — quis saber Naomi.

A resposta da mulher foi lacônica.

— Não.

— E você pretende se tornar uma cristã? — Naomi perguntou, em seguida.

A mulher abriu o coração e disse:

— Sim.

— Quando? Agora poderia ser um momento muito bom, pois nenhuma de nós pode prever o tempo de vida que nos resta.

A mulher concordou, e Naomi a levou para fora do salão, orou com ela e entregou um exemplar da Bíblia que levava numa pasta. Em seguida, perguntou àquela senhora (como sempre faz) se conhecia mais alguém em sua vida que amasse a Jesus. A mulher respondeu:

— Ah, sim, meu marido! Vou à igreja com ele há vinte anos, sento na última fila, mas nunca me senti pronta para crer. Hoje é o meu dia!

Tornar-se presidente da Associação Nacional de Oradores, que possui 4 mil membros nos Estados Unidos, foi em 1994, uma grande honra para Naomi Rhode. Ela escolheu, como tema de seu discurso, "O privilégio do palco", e ao falar na sede regional de cada estado, planejar a programação do ano inteiro e escrever mais de 2 mil cartas pessoalmente, teve inúmeras oportunidades de compartilhar sua alegria e a glória de Deus manifestada em sua vida, assim como seu amor, suas lições sobre liderança e as boas novas gloriosas do Evangelho.

De uma maneira muito amorosa e prática, Jim e Naomi Rhode aproveitaram o privilégio da liderança, o que lhes permitiu influenciar na seleção dos integrantes do conselho da Associação Nacional de Oradores, assim como na programação e nos temas. Lembrando as palavras de Jesus, que encorajou seus discípulos a serem o "sal da terra" e a "luz do mundo" (Mateus 5:13-15), Naomi afirma: "Felizmente, o saleiro foi muito usado naquele ano, e a luz brilhou bastante." É claro que, como presidente da Federação Internacional dos Oradores Profissionais, ela continuou aproveitando as oportunidades significativas que teve para influenciar outras pessoas e conduzi-las ao Reino de Deus.

A vida de Jim e Naomi Rhode demonstra claramente que o caminho de Deus é, de fato, o melhor caminho, seja em casa, no trabalho ou na comunidade.

Capítulo 3

Paz

> Deixo-lhes a paz; a minha paz lhes dou. Não a dou como o mundo a dá. Não se perturbe o seu coração, nem tenham medo.
>
> (João 14:27)

A paz é aquela sensação de plenitude, de satisfação e de tranqüilidade que preenche o interior daquele que crê. E é possivelmente um dos frutos mais visíveis para os que não crêem, pois é algo que lhes falta na vida, sem dúvida.

Posso dizer, com toda a sinceridade, que nunca perdi o sono por causa de alguma situação pela qual estivesse passando. Sou capaz de confiar nos planos divinos, e creio que o propósito de Deus é que eu o possa alcançar por meio das provações que surgem em meu caminho, assim como acontece com os momentos de sucesso.

O Dr. Dick Furman, o empresário Wayne Alderson e o Dr. Leslie Holmes são homens que sentem esse mesmo tipo de paz — a paz que ultrapassa toda compreensão. O Dr. Furman tomou uma decisão muito sábia logo no início de seu período como interno, que substituiu uma sensação de estresse terrível pela paz de Deus. Wayne Alderson encontrou um ambiente de trabalho pesado, o encheu do amor de Cristo e viu a paz prevalecer onde antes só a raiva imperava. O Dr. Leslie Holmes conseguiu unir, num lugar seguro para se trabalhar, algumas pessoas que, durante anos, se opunham de modo amargo e jamais viveram em paz. Esses três homens amam e vivem para o Senhor, como você verá quando ler o relato de suas histórias.

Dr. Dick Furman

Em seu coração o homem planeja o seu caminho, mas o SENHOR determina os seus passos.

(PROVÉRBIOS 16:9)

Dick Furman, médico da cidade de Boone, no estado da Carolina do Norte, era um dos quinze internos que começavam o treinamento como cirurgião. Os internos sabiam que, no espaço de apenas um ano, só sete deles seriam aceitos como residentes do programa de treinamento cirúrgico da Universidade de Kentucky. O clima de competitividade era intenso, e os quinze internos eram muito bem qualificados. Todos trabalharam duro com o objetivo de seguir em frente e passar para a fase seguinte, o programa de residência médica. Ficavam de plantão de dois em dois dias, o que os obrigava a passar a madrugada inteira no hospital. Nas noites de folga, dificilmente chegavam em casa antes das dez da noite. Havia tanta expectativa em relação a eles que sobrava pouco tempo para qualquer outra coisa.

Depois de três meses trabalhando tanto quanto as forças lhe permitiam, Dick Furman percebeu que não havia uma diferença significativa entre os quinze internos. Ele tentou imaginar o que deveria fazer para assegurar uma vaga no programa de residência médica, e o único espaço que encontrou no qual poderia alcançar algum progresso era nas cirurgias realizadas às oito da manhã. Todos os internos deveriam se encontrar no andar térreo todas as manhãs, às seis e meia, e fazer, com os residentes, uma ronda de atendimento a todos os pacientes sob a responsabilidade da equipe. Os residentes e os internos iam juntos cuidar dos pacientes, um por um, vendo quem poderia receber alta, quem precisava de troca de soro intravenoso, os que deveriam mudar de roupa e assim por diante.

Ao fim dessas rondas, os internos deveriam cuidar das necessidades dos pacientes na parte da manhã. A expectativa era a de que eles terminassem seu trabalho e estivessem na sala de operações por volta das sete e meia para o procedimento de esterilização das mãos e dos braços. Em seguida, deveriam vestir e preparar o paciente e esterilizar a sala de cirurgia durante dez minutos. Depois, cobriam o paciente com tecido esterilizado, e às oito em ponto o cirurgião encarregado deveria entrar na sala pronto para realizar a operação. O problema era que os internos nunca estavam lá às sete e meia porque continuavam nos andares superiores, trocando tubos de soro, preenchendo formulários de alta ou mudando a roupa de seus pacientes. O resultado: os internos dificilmente conseguiam chegar na sala de cirurgia a tempo, e o cirurgião encarregado da operação chegava às oito da manhã para descobrir que precisava preparar ele mesmo o paciente — e ficava aborrecido com isso, pois a equipe cirúrgica havia trabalhado duro para levar o paciente até ali a tempo de ser operado na hora certa.

Dick contou que, certo dia, teve a idéia de que poderia ser o único dos quinze internos a chegar a tempo na sala de cirurgia toda manhã. Ele sabia as expectativas que as pessoas tinham a respeito dos internos, a que horário deveriam chegar para fazer a checagem geral dos pacientes junto com os residentes. Mas decidiu fazer mais do que aquilo que esperavam dele.

Dick começou a fazer o circuito dos pacientes por conta própria, chegando trinta minutos antes que os outros internos apareciam para começar o dia com os residentes. Ninguém precisou dizer a ele que deveria fazer isso; Dick apenas estabeleceu a meta de acordar trinta minutos mais cedo e fazer a checagem de seus pacientes às seis da manhã. Se os pacientes que estavam sob seus cuidados precisassem de um novo tubo de soro, ele podia fazer a substituição. Se fosse necessário preencher formulários de alta, ele preenchia. Se as roupas dos pacientes precisassem ser trocadas, ele tinha tempo de fazê-lo. Assim, quando o residente começava a fazer o circuito de checagem com ele, às seis e meia, todos os pacientes de Dick já haviam sido bem atendidos. Os tubos de soro estavam em ordem, os curativos haviam sido feitos e as suturas que deveriam ser retiradas já tinham sido removidas.

Depois de fazer a ronda, Dick ajudava o residente em várias tarefas e, vez por outra, tinha tempo até de tomar café com ele. Mas uma coisa era de lei: ele estava sempre na sala de cirurgia às sete e meia, e seus pacientes estavam sempre preparados para a operação quando o cirurgião encarregado chegava, pontualmente às oito horas. Nenhum dos outros internos seguiu o seu exemplo. Quando decidiu fazer mais do que esperavam dele, sua vida mudou tanto como interno quanto como residente e, mais tarde, como cirurgião.

Como resultado direto desse princípio tão simples — *fazer mais do que aquilo que se esperava dele* —, Dick Furman logo avançou ao *status* de médico residente. Quando um dos residentes precisou abandonar o programa, de uma hora para a outra, a equipe de atendimento se reuniu para decidir quem ficaria com a vaga que acabara de ser aberta. A decisão foi unânime: eles votaram pela promoção de Dick Furman a residente depois de apenas sete meses de trabalho como interno. Dick se perguntava: "Será que recebi aquele privilégio porque levava alguma vantagem sobre os outros em relação ao tempo de treinamento, ou porque já era capaz de realizar cirurgias avançadas que os demais jamais seriam capazes de fazer?" Não. Ele recebeu a autorização para subir um degrau na escada mais cedo que os outros por causa de um princípio muito simples: incorporou o hábito de fazer mais do que as pessoas esperavam dele. Destacou-se por ser o único interno que sempre tinha os pacientes preparados para a cirurgia às oito em ponto. Ele diz: "Tudo que precisei fazer foi colocar em prática um conceito bastante simples: fazer mais do que esperavam de mim!"

O Dr. Furman seguiu o princípio de estabelecer metas realistas por toda a vida. Dick, como todos nós, também cometeu sua cota de erros e enganos. Um de seus investimentos exigiu muitos anos até colocar as contas pessoais novamente em ordem. Ele acredita, com muita convicção, que fracassos são acontecimentos, e que não existem pessoas fracassadas. Também tem certeza de que aquele que nunca erra jamais será bem-sucedido. O fracasso tem sido seu estímulo para o sucesso. Ele lembra que, depois de cometer o maior erro de sua vida — negar a Cristo três vezes —, Pedro viveu seu momento de maior sucesso: depois da ressurreição, o apóstolo pregou com tal força e poder que 3 mil pessoas aceitaram a Cristo como Senhor e Salvador.

Como cirurgião, colega de trabalho, pai e homem de Deus, o Dr. Furman acredita, sem nenhuma dúvida, que deve fazer todas as coisas "como [...] ao Senhor" (Efésios 6:7). Um de seus versículos favoritos está em Provérbios 16:9: "Em seu coração o homem planeja o seu caminho, mas o SENHOR determina os seus passos." Com isso em mente, a cada mês de janeiro Dick coloca no papel as metas que deseja cumprir como cirurgião durante aquele ano. Seu lema sempre foi: "Faça tudo que esperam que você faça — e mais um pouco. Faça mais do que esperam de você."

Mas Dick também tem espírito empreendedor. Uma vez, no começo de um ano, ele estabeleceu para si a meta de construir um restaurante em sua cidade natal, mas não conseguia descobrir qual o melhor negócio para iniciar. Dois anos se passaram, até que um amigo contou a ele sobre uma nova cadeia de lanchonetes: Wendy's Old Fashioned Hamburgers.[1] Dick pegou o carro e fez uma viagem de cinco horas até a filial mais próxima da Wendy's, que ficava em Atlanta, na Geórgia. Gostou da comida, do atendimento e do conceito, e assim inscreveu-se para se tornar um franqueado da rede. Inicialmente, a empresa recusou a proposta, pois ainda não permitia a abertura de filiais em cidades pequenas. Dick conta que nunca teria pensado em montar um restaurante da rede Wendy's, não fosse o fato de ter como meta original se envolver no negócio de lanchonetes. Mas ele bancou seu sonho, e seis meses depois, a parceria que montou com um amigo e o irmão recebeu o sinal verde para abrir três filiais da Wendy's em pequenas cidades da Carolina do Norte.

Dick acredita na eficácia de se colocar as metas pessoais por escrito. Até colocar no papel e discutir o objetivo de adquirir 37 filiais da Wendy's com os sócios, o plano original era de abrir apenas uma ou duas lanchonetes por ano. Ele assumiu a nova meta quando a sociedade da qual fazia parte comprou uma empresa na Carolina do Sul que era dona de trinta franquias. Atualmente, eles administram 76 restaurantes.

Dick Furman acredita, com grande fervor, que a integração de seus valores cristãos com o sucesso nos negócios é crucial. Ele crê que o sucesso genuíno — não o *sucesso* como muita gente o define em nossa sociedade, mas um sucesso verdadeiro, que satisfaz — chega quando a pessoa busca a Deus para direcionar seus passos e permite que ele a use para servi-lo.

Conforme amadurecia em seu relacionamento com o Senhor, Dick aprendeu que o melhor lugar, o mais pleno de paz para se viver, era estar no centro da vontade de Deus. Ele parou de estabelecer metas para benefício próprio e começou a orar a respeito de cada uma delas, pedindo ao Pai celestial que fechasse as portas de qualquer objetivo estabelecido que não estivesse de acordo com o plano divino para sua vida.

Dick usa seu talento, assim como seu sucesso financeiro, como instrumento de testemunho a serviço de seu Senhor. Ele e o filho mais velho se uniram a Franklin Graham para fundar a World Medical Mission [Missão Médica Mundial], braço da organização que Graham dirige, a Samaritan's Purse [Bolsa do Samaritano]. Eles incentivam médicos a dedicar de quatro a seis semanas por ano a viagens rumo a outros países, por conta própria, para trabalhar em hospitais missionários. No primeiro ano, em 1978, foram enviados apenas quatro médicos. Hoje em dia, mais de 250 profissionais de saúde viajam por ano para trabalhar nesses pequenos hospitais missionários espalhados pelo mundo. A World Medical Mission envia apenas médicos cristãos que seguem os princípios bíblicos em suas atividades, pois eles substituem outros profissionais que dedicam tempo integral ao trabalho em campos missionários.

Dick Furman é um exemplo clássico do que um cristão pode fazer quando segue os princípios da Bíblia Sagrada. Além de ser cirurgião, marido, pai e homem de negócios de sucesso, ele recebeu a honra de ser eleito presidente e diretor do escritório regional do Colégio Norte-americano de Cirurgiões na Carolina do Norte e presidente da Associação Cirúrgica da Carolina do Norte, além de apresentar o trabalho realizado pela World Medical Mission no exterior durante o encontro nacional do Colégio Norte-americano de Cirurgiões.

Por continuar acreditando que o ambiente de trabalho é um local de testemunho, e que a maneira como conduzimos nossos negócios mostra ao mundo como é nosso relacionamento com Cristo, a sociedade da qual Dick faz parte, a Tar Heel Capital, entrega um exemplar do Novo Testamento a cada um dos funcionários que trabalha na lanchonete Wendy's e uma Bíblia a cada um dos gerentes de loja. Anexada à primeira folha de rosto segue uma carta:

> A Tar Heel Capital oferece a você as boas-vindas a seu novo cargo na Wendy's. Nosso compromisso é o de ajudá-lo a viver uma história de sucesso e alcançar um futuro muito próspero.
>
> O lema de nossa organização é: "Servindo alimentos de qualidade num ambiente cristão." Este provou ser um fator determinante de nosso sucesso, tanto no que diz respeito ao tratamento que dedicamos aos nossos funcionários quanto no sistema de operação de nossos restaurantes.
>
> O serviço, como Cristo ensinou, servindo como modelo, é um princípio central da Bíblia e da Tar Heel Capital. Por essa razão, esperamos que cada funcionário assuma uma atitude de servidor no trato com as pessoas que fazem refeições na Wendy's. Quando demonstramos essa atitude de servidor, cada cliente saberá que é a pessoa mais importante em nosso restaurante.
>
> Outro importante princípio cristão é a Regra de Ouro: faça aos outros o que gostaria que fizessem a você. A Tar Heel Capital está comprometida com esse padrão no que diz respeito ao relacionamento que está estabelecendo com você, nosso funcionário de valor. Estamos interessados em seu desenvolvi-

mento pessoal, assim como em seu sucesso como funcionário desta empresa.

Quando aplicamos esses princípios e nos esforçamos para oferecer o serviço mais extraordinário possível aos nossos clientes, estamos ajudando a transformar nossas lojas numa das melhores franquias da Wendy's em todo o território nacional. Esse objetivo só pode ser alcançado com sua ajuda, como um de nossos funcionários dedicados.

Estou oferecendo esta Bíblia a você na esperança de que permita que os ensinamentos nela contidos guiem tudo quanto fizer.[2]

As crenças espirituais de Dick Furman influenciaram todas as áreas de sua vida... para melhor! Quando nós, tal como o Dr. Furman, compreendermos de maneira plena que a paz e o sucesso verdadeiros só podem ser alcançados por aqueles que depositam sua confiança e sua fé em Jesus Cristo, então — e só então — permitiremos que o Senhor dirija nossos passos e que nos use para o cumprimento de seus propósitos.

Wayne Alderson

Não andem ansiosos por coisa alguma, mas em tudo, pela oração e súplicas, e com ação de graças, apresentem seus pedidos a Deus. E a paz de Deus, que excede todo o entendimento, guardará o coração e a mente de vocês em Cristo Jesus.

(Filipenses 4:6,7)

Wayne Alderson é uma prova viva de que não existe problema sem esperança de solução — apenas pessoas que perdem a esperança diante dos problemas. A paz estava distante das pessoas que trabalhavam com Wayne na Pittron Steel. Eles achavam que não havia esperança porque o futuro da empresa parecia, no mínimo, incerto. Alderson, porém, decidiu olhar para além do óbvio, e o resto é história.

Em 1965, Wayne Alderson começou a trabalhar para a Pittron Steel, uma companhia siderúrgica em Glassport, na Pensilvânia. Inicialmente, ele fazia parte da equipe do departamento financeiro. Em apenas quatro anos, foi promovido a *controller* e diretor financeiro. Tudo isso pode parecer muito bom e bonito, a não ser pelo fato de que o cargo de *controller* fez Alderson responsável pela situação financeira da empresa, que era desanimadora.

No fim dos anos 1960 e no início da década seguinte, as usinas de aço não eram propriamente os lugares mais agradáveis e limpos para se trabalhar. O ambiente muito quente, carregado do cheiro de suor e bem sujo, parecia até natural, e n virtude das circunstâncias do trabalho nele realizado, mas criava desconforto e insatisfação profissional entre os funcionários.

A tensão foi crescendo entre a diretoria e os operários, até que, em 1972, o United Steel Workers Union (Sindicato dos Trabalhadores do Aço) decidiu fazer uma greve. A decisão não era fácil. Outras usinas de aço estavam fechando por toda parte devido aos mesmos tipos de problemas financeiros pelos quais a Pittron estava passando, e os trabalhadores sabiam que a greve poderia forçar a empresa a fechar suas portas definitivamente. Mas eles não agüentavam mais. O sindicato já havia feito muitas concessões, e as condições de trabalho não estavam melhorando em nada. Era necessário tomar medidas extremas para pressionar a companhia a promover mudanças.

Pouco antes da greve de 84 dias, Wayne Alderson foi promovido a vice-presidente de operações. Seu estilo de gerenciamento provou ser exatamente o contrário do que estava sendo colocado em prática antes de ele aceitar o novo cargo. Wayne chamou seu plano para recuperar a Pittron de "Operação Reviravolta", e em vez de se valer do estilo de intimidação e confronto direto que se usava anteriormente, Alderson adotou uma abordagem mais pacificadora que gerou, primeiramente, o respeito e depois a cooperação dos funcionários.

Numa decisão sem precedentes, Alderson concordou com uma reunião secreta com Sam Piccolo, então presidente regional do sindicato. Ele revelou seu plano para colocar em funcionamento a Operação Reviravolta, e aquela reunião acabou com a tradição de relações tempestuosas entre o sindicato e a diretoria da empresa. O bom relacionamento que se estabeleceu entre esses dois homens continua sólido ainda hoje.

Os passos que Alderson precisou dar constituíram o começo do processo de gestão denominado "Valor da pessoa — Teoria R", que foi muito bem acolhido, e que ele atualmente ensina em seminários por todos os Estados Unidos.[3]

O exemplo de Alderson deixa bem claro que demonstrações de amor, dignidade e respeito pelos funcionários pode remover os fatores que geram falta de confiança, rancor e, conseqüentemente, a raiva e o desconforto no ambiente de trabalho, instilando segurança e paz no lugar desses problemas. Com isso, é possível estabelecer as bases para melhorar ainda mais o desempenho. Alderson queria devolver a dignidade que os trabalhadores da Pittron mereciam, e começou tornando-se acessível a eles. Ele deixou o ambiente asséptico dos escritórios da empresa e entrou nas instalações sujas da usina para encontrar-se com os funcionários no chão onde eles trabalhavam.

Dentro de um período de tempo determinado, as promessas que Alderson fez a Sam Piccolo foram cumpridas. Embora, inicialmente, as pessoas não acreditassem nele e muitos dos trabalhadores achassem que era tudo muito bom para ser verdade, todos, conforme o tempo foi passando, viram que Wayne Alderson era uma pessoa autêntica. Os homens que antes chegavam contrariados ao trabalho passaram a ostentar um semblante alegre. Não se sentiam mais como cidadãos de segunda classe porque deixaram de ser tratados como inferiores ou maltratados pelos patrões.

A discriminação racial foi reduzida quando trabalhadores de todas as raças se tornaram aptos a ocupar cargos diferentes do único que antes lhes era permitido, o de funileiro. Considerado o serviço mais sujo e indesejável da usina, o funileiro tinha de usar um martelo para remover os defeitos de grandes peças de aço. Quando Wayne Alderson pediu a um dos funileiros que o deixasse experimentar aquele tipo de trabalho, só conseguiu realizar a tarefa por alguns minutos, e não agüentou mais. Quando desceu da peça de aço, comentou que, independentemente do que a empresa estivesse pagando àquele homem, ele merecia cada centavo. Como Peter Grazier afirma no artigo "The Miracle of Pittron Steel" ["O milagre da Pittron Steel"], "com aquele gesto, Alderson deu dignidade ao serviço menos respeitado da fábrica".[4] A valorização das pessoas foi a chave da reviravolta que aconteceu na Pittron Steel.

Wayne Alderson é um homem que busca o coração do próprio Deus. Quando alguém, em tom de brincadeira, sugeriu que ele começasse a ensinar a Bíblia a seus funcionários, Wayne começou com discussões informais que, com o tempo, se transformaram em estudos bíblicos numa sala do estoque, exatamente embaixo da base da fornalha de fundição. Os homens que freqüentavam os estudos incentivavam os demais, e o que começou como uma brincadeira para alguns tornou-se algo tão influente a ponto de mudar a atitude e a vida daquelas pessoas. O estudo bíblico de Alderson passou a ser conhecido como a "Capela sob a Fornalha". Os visitantes que ouviam falar daquilo e da Operação Reviravolta ficavam impressionados com as mudanças que estavam ocorrendo. Os operários estavam felizes, e o volume de queixas registradas caiu de cerca de setecentas por ano para apenas uma. Mais de mil dos 12 mil funcionários freqüentavam a Capela sob a Fornalha... e isso fora do horário de expediente, sem exigir pagamento extra.

Alderson compreendeu que os trabalhadores precisavam prosperar porque ele vive com o objetivo de agradar a Deus. O Senhor considera o seu povo responsável pelo estabelecimento de um ambiente no qual ele seja reconhecido como o autor de todas as coisas. Na Pittron, Alderson deu início à tarefa de transformar o ambiente com a limpeza da sujeira que envolvia os operários. Ele deu uma nova cara à usina: pintura, reformas e instalação de chuveiros para que os trabalhadores pudessem tomar banho ao fim de seu turno e voltar para casa mais refrescados e prontos para passar mais tempo com a família. Ele criou uma atmosfera na qual os funcionários podiam melhorar de posição, crescer e saber que Deus estava no controle de tudo. Uma sensação de paz substituiu o desrespeito e a desordem que prevaleciam antes de Alderson assumir a vice-presidência de operações.

Os trabalhadores, por sua vez, passaram a amar e respeitar o "irmão Alderson", como ele era carinhosamente chamado. Um homem contou à esposa que Deus estava naquela fábrica, e que havia enviado um homem a seu serviço para ajudar os funcionários. Outro comentou que ter Alderson como chefe era como caminhar sob a luz do sol depois de sair de uma sala escura e tenebrosa. Várias esposas enviaram cartas de agradecimento à usina, contando que os maridos já não chegavam mais em casa tão nervosos, e que estavam muito felizes, passando mais tempo junto à família.

O fruto indireto daquela mudança positiva nas atitudes dos operários logo apareceu nos resultados da empresa. Os melhores vendedores revelaram-se os trabalhadores mais satisfeitos, e as vendas cresceram 400%, levando a empresa de um déficit de 6 milhões de dólares para um lucro de 6 milhões. A força de trabalho quadruplicou, o índice de faltas ao trabalho despencou para menos de 1%, a produtividade subiu cerca de 64% e uma filosofia de trabalho baseada em qualidade total foi introduzida no mercado.

Esses números impressionantes não passaram despercebidos. Em 23 de outubro de 1974, a usina foi vendida. Um certo temor tomou conta dos operários quando ouviram a notícia, e começaram a ficar preocupados se o líder e mentor deles seria convidado a deixar a empresa. Alderson os lembrou que jamais deveriam colocar sua fé num ser humano, mas em Deus, em quem poderiam confiar que cuidaria daquela situação pela qual eles estavam passando.

Surpreendentemente, o estilo de gestão radical de Wayne Alderson, baseado na valorização das pessoas, não foi reconhecido e ele foi demitido sumariamente. Pela primeira vez em vinte anos, um novo contrato de trabalho foi assinado sem uma greve, mas o conceito de Valor da Pessoa — Teoria R que Alderson implementara foi colocado à prova sem piedade pelos novos diretores. Quase dois anos depois, a usina foi fechada por causa de uma greve violenta.

O que aconteceu na Pittron Steel foi nada menos do que um milagre. Alderson disse que achava muito importante o fato de Cristo ter escolhido operar aquele milagre numa fundição, pois uma mina de carvão era o lugar mais sujo para se trabalhar. Ele explica que, se Deus foi capaz de salvar uma usina suja que estava prestes a fechar as portas, então poderia fazer um milagre bem parecido com o da Pittron acontecer em qualquer outro lugar, sem exceção. A única coisa necessária seria colocar em prática uma gestão que valorizasse os trabalhadores.

Até hoje, Wayne Alderson ensina às pessoas como implementar o que chama "Liderança Valor da Pessoa — Teoria R". Quando ele se recusou educadamente a deixar de freqüentar e ensinar o estudo bíblico na Capela sob a Fornalha, como lhe foi solicitado pelos novos proprietários da Pittron Steel, Alderson sabia que seu destino já estava selado. Mas ele não hesitou nem temeu. Aquele espírito de paz em seu interior prevaleceu. Ele servia a um Patrão muito maior, e seu chamado era bem mais elevado do que a tarefa profissional.

Se todos os cristãos que ocupam cargos de gestão vivessem e ensinassem os princípios bíblicos da maneira que Wayne Alderson faz, "extraordinária" seria eufemismo para classificar a transformação que veríamos no ambiente profissional.

Como podemos implementar o modelo de ministério centrado em Cristo no mercado profissional, tal como Alderson fez, e deixar como legado às próximas gerações? Não tema! Lembre-se de que servimos a um Deus extraordinário. Nenhum problema é grande demais para ele! O Senhor ajudará aqueles de nós que se dedicam a buscar a vontade divina, obedecê-la e viver o amor de Deus no lar, na escola, na igreja e no mercado de trabalho.

Dr. Leslie Holmes

Façam todo o possível para viver em paz com todos.

(Romanos 12:18)

Como pastor de uma denominação que passou por um processo de divisão significativo ao longo dos anos, o Dr. Holmes acumulou bastante experiência no uso de suas habilidades nos relacionamentos pessoais e nos princípios bíblicos para unir pessoas em situação de antagonismo. Com o tempo, o Dr. Holmes observou que, entre alguns evangélicos, há uma tendência a designar certos "pecados da vez", como divórcio, bebida, jogo e aborto. Em sua denominação, cada um deles era apresentado como uma ofensa pior do que a anterior, tornando-se o assunto mais palpitante por algum tempo para, em seguida, ser completamente abandonado e esquecido, apesar de nunca ter sido efetivamente derrotado. A situação que analisaremos a seguir, por meio da história do Dr. Holmes, envolve não o "pecado da vez", mas um pecado que perdurou por muitos anos e atravessou várias gerações; um pecado que destruiu, em todas as suas formas, a paz na Irlanda.

O Dr. Holmes acredita que Cristo deseja que façamos o melhor por todas as pessoas (independentemente de quais sejam os pecados que elas carregam, já que todos nós somos pecadores). Ele diz: "O ministério não funciona se tentamos persuadir as pessoas a serem como nós, pois também somos pecadores; o máximo que poderia acontecer seria trocar nossos pecados pelos deles, já que não são nem um pouco melhores. O ministério bem-sucedido, independentemente do pecado, significa ajudar os pecadores a se tornarem mais parecidos com Jesus, e todos nós precisamos de ajuda nessa área."

Leslie Holmes chegou aos Estados Unidos em outubro de 1967, aos 22 anos de idade, com a esposa e um filho de dez meses.

A decisão que tomaram, de emigrar para a América — lugar que só conheciam de filmes e imagens nas revistas —, foi baseada na idéia de que seria um lugar mais adequado para criar o filho do que a cidade natal, Belfast, na Irlanda do Norte.

Embora o plano original fosse mudar para os Estados Unidos e ganhar 1 milhão de dólares, Deus tinha uma idéia ainda melhor. Cerca de três meses depois de sua chegada, Leslie Holmes ouviu a mensagem do Evangelho, pregada de uma maneira que nunca havia ouvido em 22 anos freqüentando a igreja na Irlanda. Por causa disso, ele entregou sua vida a Cristo. Poucos dias depois, percebeu que desejava passar o resto de seus dias falando a outras pessoas sobre a maravilhosa certeza de ter a vida eterna por intermédio de Jesus Cristo.

Ele levou cinco longos anos para descobrir um modo de entrar na faculdade, mas não permitiu que isso o intimidasse. Estava tão ansioso para pregar que virou pastor em uma igreja presbiteriana minúscula na região rural do Mississipi enquanto terminava a faculdade e o treinamento no seminário em apenas cinco anos. Ainda foi contemplado com uma bolsa de estudos para completar o Doutorado.

O cargo do Dr. Holmes dentro da igreja e sua herança irlandesa o colocaram numa posição bastante singular. Ele contou que, depois do Acordo da Sexta-feira Santa, assinado em 1998, boa parte da mídia local quis saber sua opinião. Através de conversas telefônicas com o governo e líderes de igreja no início daquela semana, ele sabia que a celebração daquele acordo era um milagre quase inimaginável para a política da Irlanda do Norte, por isso ofereceu imediatamente sua igreja como um lugar no qual pessoas de todas as correntes políticas pudessem se reunir e orar para agradecer a Deus pelo que havia acontecido. Ele sabia que a Palavra de Deus, a oração e a paciência podem realizar coisas maravilhosas.

No entanto, o Dr. Holmes encontrou dificuldades para convencer alguns líderes da igreja católica romana local a participar da direção do evento, por isso chamou dois de seus bons amigos católicos e pediu que eles o ajudassem: Tom O'Donoghue, proprietário do restaurante Blarney Stone, e Dan Rooney, dono do time dos Pittsburgh Steelers. O poder daquela amizade era realmente eficaz e impressionante, pois em apenas uma hora o Dr. Holmes já contava com cooperação total da diocese católica local e da equipe de relações públicas de um dos maiores times de futebol americano dos Estados Unidos, todos trabalhando com ele. Alguns dias depois, eles recebiam uma multidão estimada em quinhentas pessoas para o culto na igreja. À frente estavam líderes eclesiásticos e leigos, representando os dois lados do debate.

Um pouco antes do início do culto, o Dr. Holmes ouviu alguém comentar que havia um grupo de pessoas se reunindo para protestar do lado de fora do templo. Quando olhou pela janela, viu cerca de vinte pessoas carregando uma grande faixa e distribuindo panfletos. Pelo tipo de faixa, dava para perceber que a agenda daquele grupo tinha motivação política. Na mesma hora, ele juntou seis homens bem fortes e saiu pela porta da frente, dirigindo-se ao lugar onde aquelas pessoas estavam reunidas. Os símbolos que traziam revelavam que se tratava de representantes de uma das alas protestantes extremistas. "Pedi que fossem embora, e eles, a princípio, se recusaram. Então, depois de muita conversa, concordaram em sair em silêncio, e fizeram exatamente isso", contou o Dr. Holmes.

Ele disse que só não percebeu a presença de alguns jornalistas que já estavam escalados para fazer a cobertura do culto no templo. Eles o seguiram para o lado de fora da igreja e filmaram o diálogo que travara com as pessoas que protestavam. Segundo ele, Deus lhe concedeu tanto a coragem quanto as palavras quando ele se voltou aos jornalistas e declarou: "Esta noite, vocês podem concentrar a matéria que fizerem tanto na parte ruim, que foi o protesto, quanto na parte boa, que é o que está para acontecer dentro da igreja. Espero que façam uma boa escolha." Para crédito dos jornalistas nenhum deles veiculou nenhuma menção ao protesto; no dia seguinte, toda a mídia priorizou o que aconteceu dentro do templo, durante o culto, marcado pela oração e pela paz. Muitos até mesmo citaram parte do sermão.

Alguns dias depois, o Dr. Holmes recebeu uma ligação de alguém que se dizia representante da ala extremista católica. A pessoa pediu para marcar um encontro com o Dr. Holmes. Sabendo que alguns membros do partido extremista são conhecidos por se valer de violência, o Dr. Holmes concordou em marcar um encontro num lugar público e neutro. Eles se encontraram no *lobby* de um hotel bem conhecido, no centro da cidade. Durante três horas, o extremista contou ao Dr. Holmes boa parte de sua experiência e como fora criado como católico romano na Irlanda. O Dr. Holmes ouviu tudo, e quando o encontro parecia se encaminhar para o fim, aquele extremista disse: "O senhor conhece aquelas pessoas que estavam protestando, a quem pediu para que saíssem da porta da igreja? São nossos companheiros de partido." Aquela revelação surpreendeu o Dr. Holmes porque a faixa que o grupo carregava, bem como os folhetos, eram de cores que ele sabia estarem associadas aos protestantes. O extremista, então, confessou: "Era uma espécie de operação secreta."

Em seguida, continuou a relatar como entrara num bar irlandês local na noite posterior ao culto, e um grupo de companheiros de partido gargalhava porque haviam ficado "tão parecidos com a oposição que conseguiram ludibriar até o pastor presbiteriano". No entanto, contou, "eu salientei que o senhor havia pedido a eles para sairem, apesar de que a atitude mais natural naquela situação teria sido a de apoiar o grupo. Falei a eles que seria capaz de trabalhar com o senhor, e é por isso que estou aqui".

Que abordagem maravilhosa fora aquela do Dr. Holmes! Então o extremista prosseguiu, oferecendo para que líderes de seu partido se encontrassem com os da oposição em Pittsburgh. Ele também disse: "Sei que eles não poderiam jamais fazer isso publicamente por razões políticas, mas temos contatos que podem pegar pessoas de qualquer aeroporto da Europa, colocá-las num jatinho particular e trazê-las a Pittsburgh sem que ninguém fique sabendo. Não haverá câmeras ou equipamento de gravação no local, e podemos trazê-las para os Estados Unidos sem precisar nem mesmo de carimbo no passaporte. Ninguém jamais saberá que eles estiveram aqui."

O Dr. Holmes disse: "A pedido dele, fiz contatos por intermédio de um amigo sacerdote na Irlanda do Norte. Ele, por sua vez, falou com alguns líderes do governo. Não demorou muito para que um encontro fosse marcado, e uma das conclusões era a de que eu seria o moderador desse encontro num lugar neutro de Pittsburgh."

Alguns dias depois, eles se encontraram, e naquela ocasião havia grande número de dignitários com interesses na Irlanda e muitas conexões. Eles incluíram personalidades políticas de Washington e líderes conhecidos do comércio e da indústria de Pittsburgh, colocados ao lado de representantes de diversos partidos políticos na Irlanda do Norte e da República da Irlanda. O Dr. Holmes abriu o encontro saudando a todos e explicando o contexto e o motivo daquela reunião. "Com a intenção de promover uma abertura ao diálogo, disse a eles que havia sido convidado para almoçar com o primeiro-ministro da Irlanda do Norte na semana seguinte, quando tinha uma viagem programada para Belfast". Praticamente desde o início, conta o Dr. Holmes, "o encontro tomou um rumo de muita amargura. Um lado acusava o outro, que respondia na mesma moeda. Depois de duas horas, adiamos a discussão sem nenhuma mudança de posição aparente por parte de ninguém". Ele salientou que aquela foi, de fato, uma experiência frustrante, já que cada grupo resolvera seguir um caminho diferente. Foi então que aconteceu o inesperado.

Conta o Dr. Holmes: "Dois dias depois, o extremista que eu encontrara no hotel chamou-me e disse:

— Bem, reverendo, até que foi um bom encontro anteontem.

Com toda a franqueza, fiquei muito surpreso. E respondi:

— Fico feliz que você tenha gostado. Eu meio que pensei que já tinha ouvido aquelas mesmas discussões por cerca de trinta anos.

— Ah, eu sei — ele respondeu. — Mas era necessário que se dissesse tudo aquilo de novo. Tenho aqui algumas concessões de nosso povo que gostaríamos que o senhor levasse ao primeiro-ministro quando se encontrar com ele, dentro de alguns dias. O senhor faria essa gentileza?"

O Dr. Holmes concordou. Entregou ao primeiro-ministro três importantes concessões, como fora instruído, e pediram que ele levasse mais três de volta ao líder extremista.

Como afirma o velho ditado, há sempre três lados de uma questão: o seu, o do outro e o certo. Quando as pessoas começam a falar e a ouvir, passam a compreender umas às outras. E aí, tornam-se gente, e não apenas "o outro lado" ou "o inimigo".

Segundo o Dr. Holmes, aquela experiência demonstrou o que é possível ser feito quando as pessoas oram juntas. A partir daquele encontro na Primeira Igreja Presbiteriana de Pittsburgh, alguns pequenos passos foram dados para avançar no processo de paz numa parte do mundo em que as pessoas vêm lutando umas contra as outras há muitas gerações. Talvez o mais importante, disse ele, é que aquilo ajudou a demonstrar que, em Cristo, as posições mais antigas, tradicionais e enraizadas podem ser conciliadas, e que o oposto do terrorismo não é necessariamente só a paz, mas a paz corroborada pela justiça.

Sim, a paz que provém da justiça é o que proporciona plenitude à vida do Dr. Holmes, e transborda para aqueles com quem ele interage. Hoje em dia, o Dr. Holmes é pastor da Saxe Gotha Presbyterian Church em Lexington, na Carolina do Sul, onde ajuda outras pessoas, amando-as como Jesus.

Parte II:

O FRUTO EXTERIOR DO ESPÍRITO

Capítulo 4

Paciência

> Queremos que cada um de vocês mostre essa mesma prontidão até o fim, para que tenham a plena certeza da esperança, de modo que vocês não se tornem negligentes, mas imitem aqueles que, por meio da fé e da paciência, recebem a herança prometida.
>
> (HEBREUS 6:11,12)

UMA DAS MARCAS DE UM CRISTÃO AUTÊNTICO É A PACIÊNCIA CONSTANTE e a grande perseverança. Esse fruto do Espírito é resultado da humildade e da confiança em Deus. A paciência é um fruto do Espírito Santo que costuma ser negligenciado. As pessoas lembram com facilidade e falam prontamente da bondade, do amor e da alegria que sentem ou percebem na vida dos outros. No entanto, hoje em dia estamos todos sempre muito ocupados. A vida é um turbilhão de atividades; tudo é tão rápido que ninguém pára por tempo suficiente sequer para notar a paciência que outras pessoas possuem.

A firme paciência que John McKissick transmite a seus jogadores de futebol americano quando faz questão de conhecê-los, assim como a seus pais; a paciência que o Dr. Tony Evans demonstra em relação à família e aos ministros da crescente congregação que dirige; e a paciência e o tempo que Jim Dawson investiu para conhecer melhor os funcionários de sua empresa — esses três exemplos estão fundamentados nesse fruto do Espírito Santo.

John McKissick

Meus irmãos, considerem motivo de grande alegria o fato de passarem por diversas provações, pois vocês sabem que a prova da sua fé produz perseverança. E a perseverança deve ter ação completa, a fim de que vocês sejam maduros e íntegros, sem lhes faltar coisa alguma.

(Tiago 1:2-4)

A trajetória de John McKissick é, verdadeiramente, uma das mais notáveis na longa história do futebol americano em todos os níveis. No entanto, é mais do que apenas o relato da carreira de um treinador esportivo. É a história de um homem paciente que ama o Deus em quem crê, ama a família que possui, a comunidade em que vive e os jogadores a quem dirige.

No ano de 2006, o treinador John McKissick completou a 55.ª temporada na direção do time de futebol americano do Colégio Summerville, localizado perto de Charleston, no estado da Carolina do Sul. Ele completou aquela temporada com mais um recorde, como de costume: doze vitórias e uma só derrota, sofrida nos jogos semifinais, os *playoffs*. Ele adora trabalhar como técnico, e não tem nenhuma intenção de deixar o emprego, que conquistou por ter sido o único candidato que não perguntou qual era o salário. De acordo com um artigo publicado na edição de 11 de setembro de 2003 do jornal *USA Today*, assinado por Jill Lieber e intitulado "Treinador de futebol americano se aproxima da marca de quinhentas vitórias", McKissick começou treinando as equipes infantis de basquete, beisebol e atletismo. Ele dava aulas de História em cinco turmas, cuidava do gramado e das marcações do campo de jogo, lavava as chuteiras e os uniformes e envolvia o tornozelo dos jogadores para protegê-los das pancadas — tudo isso por 3 mil dólares por ano.[1]

Em minhas conversas com ele, ficou muito claro que, embora tenha celebrado há pouco tempo seu aniversário de oitenta anos, o gosto e a paixão de John pelo que faz continuam vigorosos como se ele ainda fosse um rapazinho. Considerando seu recorde de doze vitórias e apenas uma derrota, duvido muito que a maioria das pessoas fosse capaz de dizer que ele se tornou menos eficiente. Seu recorde de 543 vitórias, 128 derrotas e 13 empates em 55 temporadas fala por si.

Vamos continuar nos aprofundando para dar uma olhada mais de perto na vida desse homem tão notável. Aos 25 anos, McKissick começou a treinar e lecionar no Colégio Summerville. Tratava-se, então, de um dos menores colégios de Ensino Médio da Carolina do Sul. Na época, o presidente dos Estados Unidos era Harry Truman. Onze mandatos presidenciais depois, John McKissick, sem jamais ter trabalhado em nenhum outro lugar, treina os alunos de uma das maiores escolas do Estado. Ele conquistou mais vitórias do que qualquer outro treinador de futebol americano de equipes escolares, universitárias ou profissionais na história dos Estados Unidos. Além disso, as equipes sob seu comando venceram dez campeonatos estaduais e 26 títulos regionais. Acredito que ele seja uma das razões que explicam o fato de a cidade de Summerville ter crescido tanto.

O impacto que John exerce na vida dos jogadores é grande, mas sua influência na comunidade também é impressionante.[2] McKissick é um homem cujas prioridades são muito bem definidas, e ele faz o necessário para assegurar que seus atletas também saibam determinar o que lhes é prioritário. Ele não é um treinador de futebol, e sim um treinador de jovens. John se interessa pelo que acontece no campo, mas se interessa ainda mais pelo que acontece fora dele.

A fé do treinador McKissick é profunda, sua lealdade à igreja é sólida e sua atuação na congregação é intensa. Ele me contou que seu time não apenas ora antes dos jogos, mas também depois de cada partida. O treinador está lá para exercer impacto sobre todas as fases da vida daqueles jovens, e é isso que o torna tão singular. Ele ensina as virtudes bíblicas aos garotos — qualidades como comportamento moralmente adequado, honestidade, respeito pelas autoridades, disciplina, dedicação total, lealdade, responsabilidade, trabalho em equipe, determinação pela vitória na corrida da vida e capacidade de lidar com o sucesso. Em resumo, ele é um homem que exemplifica boa parte do que Cristo ensinava aos discípulos e também tem nos ensinado, por meio da Bíblia, ao longo dos séculos.

McKissick foi criado em um lar no qual os princípios bíblicos eram colocados em prática todos os dias. Ele atribui parte considerável de seu sucesso como treinador à orientação que recebeu dos pais. O avô era um pastor metodista que pregava principalmente nas áreas rurais, e a mãe de McKissick se ocupava o tempo todo com os três filhos. Embora tenha crescido num ambiente de amor, devoção e valores familiares, ele tinha noção do certo e do errado. Para John, não havia meios-termos nem *jeitinhos*.

O treinador diz que as histórias que ouviu e os valores que aprendeu nos encontros familiares que aconteciam todos os domingos, depois do culto na igreja, influenciaram fortemente o modo que adotou para treinar os jovens. Ele fez todo esforço possível para inspirar de um modo positivo todos os rapazes e ensiná-los a se comportar de maneira respeitosa dentro e fora do campo e da sala de aula. Ele colocou em prática o texto de Provérbios 22:6 — Instrua a criança segundo os objetivos que você tem para ela, e mesmo com o passar dos anos não se desviará deles — na orientação de seu time de futebol americano, da mesma forma que aplicou esse princípio na criação dos filhos. Ele acredita que, se uma criança for criada segundo as lições morais que os pais aprenderam quando tinham a mesma idade, descobrindo a diferença entre o certo e o errado em todas as áreas da vida, ainda que possam cometer erros de vez em quando, as lições continuarão gravadas no coração dessas crianças até se tornarem adultas. E quando elas tiverem seus filhos, procederão com eles da mesma forma.

McKissick acredita que a disciplina fundamentada no amor e a preocupação genuína com os jovens com os quais trabalha são fatores que desempenharam um papel extraordinariamente significativo em sua história de sucesso. Parte do método que emprega para manter a disciplina entre os jogadores é fazendo com que cada jovem preencha e assine o Formulário de Inscrição para Membros da Equipe Atlética, que apresento a seguir:

> Freqüentarei os treinos rigorosamente, e trabalharei tanto quanto me for possível para aprender os fundamentos do esporte e desenvolver as habilidades necessárias para me tornar um jogador digno de participar do campeonato. Sempre me portarei de maneira que demonstre o bom trabalho realizado por minha família, meu colégio, minha comunidade e por mim.
>
> Tentarei potencializar o interesse de outras pessoas pelo esporte, ajudar os jogadores mais jovens, incentivar o jogo limpo em todas as situações e respeitar os juízos e conselhos de todas as pessoas ligadas ao colégio e ao time.
>
> Sinto orgulho de ser norte-americano e integrante do programa atlético do colégio. Como forma de gratidão por esses privilégios, eu me esforçarei para provar que sou um cidadão e um atleta de valor. Meu objetivo será o de ajudar a equipe a ser motivo de orgulho para todas as pessoas, um time campeão e formado por campeões.
>
> Por meio desta, comprometo-me a:
>
> 1. Manter-me limpo e asseado, com cabelo cortado acima das orelhas e da gola da camisa.
> 2. Não marcar compromissos ou encontros nas noites anteriores a dias de treinos e jogos.
> 3. Estar em casa por volta das dez da noite e dormir bem cedo durante a semana letiva.
> 4. Nunca deixar de comparecer a um treino, a não ser que esteja doente. E se isso acontecer, avisar a um dos treinadores.
> 5. Não chegar atrasado aos treinos.
> 6. Vestir-me com decência. A boa aparência é importante, já que os atletas estão sempre em evidência.

7. Não falar palavrões.
8. Demonstrar bom espírito esportivo em qualquer ocasião.
9. Ser educado com os árbitros.
10. Nunca fingir uma contusão.
11. Não fumar ou usar produtos derivados do tabaco.
12. Não ingerir bebidas alcoólicas; não usar nenhum tipo de drogas ilegais.
13. Manter sempre minha melhor condição física, alimentando-me apropriadamente, fazendo exercícios físicos na academia etc.

> Entendo que, se eu deixar de cumprir esses compromissos, passar a me comportar de maneira incoerente com as declarações acima ou não agir de acordo com os padrões mencionados, serei disciplinado e afastado do time (segundo os critérios do treinador e do diretor atlético).[3]

Quando algum jovem assina o formulário de inscrição, ele é considerado responsável por tudo quanto está escrito; e na medida em que cumpre os compromissos que assume, é recompensado. McKissick nunca exclui um jogador de uma partida. Se o jovem aparece sempre para treinar, se esforça ao máximo em campo e segue as regras, ele pode usar o uniforme — embora os atletas (na maior parte dos casos) e o treinador saibam que nem todos jogarão necessariamente. Brinquei com ele, dizendo que carrega sempre uma torcida organizada particular. Dá para imaginar o que sente a equipe adversária quando vê de oitenta a cem jogadores sentados nos bancos de reservas, do outro lado do campo. Nem é preciso dizer como esses rapazes sentados no banco intimidam os rivais. Eles também transmitem muito apoio e incentivo para os que estão jogando.

McKissick reconhece que a situação mudou muito desde que começou a trabalhar como treinador. Por isso, ele também precisou mudar. Mas nunca abriu mão de suas crenças básicas, e ainda hoje mantém as mesmas expectativas em relação a seus jogadores que tinha em 1952. Quando há problemas que John McKissick não é capaz de resolver com algum jogador, convoca os pais desse rapaz para uma reunião. Trata-se de um encontro bastante agradável, pois o treinador tem o hábito de manter contato permanente e próximo com os pais de cada jovem desde que começa a trabalhar com ele. Juntos, eles oram pelo auxílio e pela orientação de Deus.

John conta que a fé cristã o tem sustentado, ajudado a superar as derrotas e conduzido à vitória seguinte. Ele diz que tem se esforçado para ser bem-sucedido na carreira de treinador, sabendo que sua fé e o desejo de agradar a Deus é o objetivo principal. O sucesso não vale nada se não alcançar esta meta. Ele aspira o cumprimento de um versículo (2 Timóteo 4:7) em que o apóstolo Paulo afirma: "Combati o bom combate, terminei a corrida, guardei a fé."

Quando McKissick passa por momentos difíceis, tanto na vida pessoal quanto na profissional, ele confia nas promessas contidas em Isaías 40:31: "[...] mas aqueles que esperam no SENHOR renovam as suas forças. Voam alto como águias; correm e não ficam exaustos, andam e não se cansam."

O trabalho realizado como treinador de futebol americano, esporte em que não há meio-termo — é questão de vencer ou perder —, fez de McKissick um adepto do texto de Mateus 6:34: "Portanto, não se preocupem com o amanhã, pois o amanhã trará as suas próprias preocupações. Basta a cada dia o seu próprio mal." Se uma pessoa é capaz de adotar a verdade contida neste versículo, ela não estará muito longe de alcançar a paz e a paciência. Ele diz que os treinadores devem estar sempre muito atentos, pois podem ser "herói hoje, mas uma criatura execrada amanhã".

Sendo assim, por quanto tempo ele ainda pretende se manter na profissão? McKissick responde a essa pergunta com o mesmo versículo, Mateus 6:34. Ele diz que cuida da saúde e vive um dia de cada vez, esperando sempre o melhor.

Caso você esteja se perguntando se John McKissick é tão vitorioso porque mantém uma linha direta com o céu, permita-me citar uma declaração do próprio treinador: "Também sei que não posso orar para vencer um jogo porque não acho que Deus tenha de escolher qual treinador ele quer que ganhe e qual deve sair derrotado. No entanto, oro para que meus atletas se esforcem ao máximo, usando os fundamentos do esporte que aprenderam; que o espírito esportivo predomine durante a partida; e que os jogadores sejam preservados de contusões."

O treinador McKissick não apenas gosta de jogo limpo — ele *ora limpo* também! Não é de admirar que tenha sido abençoado de modo tão abundante, e que tenha conquistado o respeito do povo de Summerville e do estado da Carolina do Sul. E, por extensão, de todo o mundo do futebol americano.

John McKissick é, de fato, um modelo a ser seguido, não apenas pelos outros treinadores, mas pelos jogadores com quem trabalhou durante todos esses anos. Esses jogadores se tornaram educadores, policiais, pregadores e homens de negócios, entre muitas outras profissões. Esses ex-atletas reproduzem hoje os princípios bíblicos que John lhes ensinou, e com isso também estão influenciando positivamente muitas pessoas.

Quando um homem dedica a maior parte de sua vida a determinado tipo de empreendimento, como John McKissick fez, chega a ser um tributo a seu caráter ouvir outras pessoas dizendo reconhecer que o emprego pelo qual ele era conhecido nunca foi sua prioridade maior. Bobby Bowden, treinador do time da Universidade do Estado da Flórida, afirmou: "Acho que a longevidade de McKissick está relacionada ao fato de ele ter prioridades muito bem definidas, e o futebol americano não ser a número 1. Um homem precisa de perseverança e amor pelo esporte, assim como pela vida, para ser treinador por tanto tempo."

Tenho esperanças e oro para que John McKissick continue perseverando. Ele já treinou, de modo paciente, três gerações de famílias de Summerville. Com um histórico desse tipo, treinar a quarta geração será moleza!

Tony Evans

> Pregue a palavra, esteja preparado a tempo e fora de tempo, repreenda, corrija, exorte com toda a paciência e doutrina.
>
> (2 Timóteo 4:2)

O presidente Bush classificou Tony Evans, pastor da Comunidade Bíblica de Oak Cliff, um exemplo nacional de transformação baseada na fé. O Dr. Evans é, de fato, um pregador fascinante do Evangelho de Jesus Cristo. Ele prega com o coração, usando sua grande perspicácia intelectual e muito bem formada. Demonstra compaixão paciente por todos aqueles que estão enfrentando algum tipo de desafio entre os maiores e mais difíceis da vida.

O Dr. Evans deu início à Comunidade Bíblica de Oak Cliff com dez pessoas que se encontravam na casa em que ele morava para participar de estudos bíblicos, nos idos de 1976. Não demorou muito para que a igreja chegasse a 27 membros — a maioria formada por amigos, conhecidos e membros da família de Evans. O crescimento da igreja era regular, apesar de estar localizada em uma área economicamente estagnada do sul da cidade de Dallas.

Hoje em dia, a Comunidade Bíblica de Oak Cliff conta com mais de 7 mil membros, e é uma das igrejas que crescem mais rápido nos Estados Unidos. O Dr. Evans chama a igreja de "um laboratório onde são testadas idéias teológicas sobre renovação comunitária". Ele diz que, enquanto os programas governamentais oferecem soluções verticais, "nós oferecemos soluções horizontais".[4]

Os resultados têm sido espetaculares. Em 2002, a igreja ajudou mais de trezentos membros a conseguir um emprego — e naquela comunidade, um emprego significa a restauração da auto-imagem e orgulho para o trabalhador. Isso proporciona estabilidade familiar e redução nas taxas de crimes. Quando é dada orientação profissional (algo que a igreja do Dr. Evans faz) e, ao mesmo tempo, aconselhamento pessoal como forma de trabalhar a pessoa de modo integral, toda a vizinhança é beneficiada. O Dr. Evans explica que a igreja é um hospital para os doentes, e ele lida com as coisas de um modo paciente, amoroso e dinâmico. Além disso, em 2006, os programas de ação social da Comunidade Bíblica de Oak Cliff ofereceram apoio para mais de quatrocentas famílias da região em que a igreja está instalada.

Um artigo escrito por Candi Cushman e publicado na edição de 21 de abril de 2001 da revista *World* revelou que o Dr. Evans demonstra grande solidariedade em relação às pessoas da comunidade da cidade em que vive.[5] Evans foi criado em uma área semelhante em Baltimore, Maryland. Ele se tornou o terceiro estudante norte-americano afro-descendente a se matricular no Seminário Teológico de Dallas, e o primeiro a conquistar um Doutorado. Evans queria ministrar no centro da cidade, pois, como costuma dizer: "Não faço coisas de um jeito porque elas sempre foram assim. Quero fazer de um jeito que funcione, que sejam eficazes." O que é eficaz nem sempre é popular, e a política disciplinar da Comunidade Bíblica de Oak Cliff é um caso muito peculiar.

O pastor Evans, porém, acredita que o caminho de Deus é sempre o melhor caminho. Dentro da sua própria família, esse princípio foi colocado à prova da maneira mais rigorosa, e o pastor, assim como sua igreja, passaram pelo teste com louvor. Quando tinha dezoito anos, a filha mais velha de Evans, Chrystal, engravidou, apesar de não ser casada. Com base no texto de Mateus 18, a política de disciplina da Comunidade Bíblica de Oak Cliff exigia que os membros da igreja envolvidos em pecados que provocam divisão, como um caso extraconjugal, confessassem o erro um ao outro e, se necessário, diante de toda a comunidade. Assim, a família Evans se apresentou diante da congregação para confessar o pecado. "Era importante que as pessoas vissem a honestidade de nossa família e soubessem que não estávamos escondendo nada", conta o pastor Evans. Hoje em dia, Chrystal, aos trinta anos, tem um filho saudável de doze, uma carreira profissional de sucesso e respeito, está casada e muito feliz.

O pastor Evans sabe, em seu coração, que o reconhecimento honesto do pecado cometido permite que os programas sociais da igreja levem vantagem sobre aqueles oferecidos pelo governo. Ele explica que, para mudar seu comportamento, as pessoas precisam estar aptas a distinguir as coisas certas das erradas. Diz que, de alguns anos para cá, tem sido ensinada uma filosofia contrária a tudo quanto Deus ensina: se você acha que alguma coisa está certa, então está certa mesmo, pois tudo é relativo. O pastor Evans sabe que isso não é verdade. "Por isso, quando usamos a disciplina, estamos dizendo: 'Esse estilo de vida é errado, e vai impedir o seu progresso pessoal'."

Ele destaca que os programas de evangelização de sua igreja são firmemente baseados na cosmovisão cristã: "Pedir a organizações cristãs que dissociem sua fé do serviço social que prestam é impossível. A questão mais evidente é a seguinte: será que estamos alcançando nossos objetivos sociais de modo eficaz, de acordo com aquilo para que aquele programa foi criado?" Evans argumenta que a separação entre Igreja e Estado nunca devem significar a separação entre Deus e as boas obras.[6]

Tenho o privilégio de conhecer Tony e Lois Evans há muitos anos, e trabalhei com a filha deles, Priscilla, e o marido, Jerry Shirer. Tive o privilégio ainda maior de falar durante o jantar no dia do casamento deles, quando os desafiei a seguir o exemplo dos pais e, acima de tudo, o exemplo de Cristo no relacionamento do casal. Fico satisfeito em poder dizer que Priscilla e Jerry são palestrantes regulares da empresa Ziglar, Inc., e nos representam muito bem. Eles não apenas possuem um talento considerável, como também demonstram um impressionante compromisso e uma grande compaixão pelas pessoas.

Tony Evans é um pastor que obedece à Palavra de Deus literalmente, e é essa a razão pela qual hoje está envolvido em tantos projetos. Tomemos como exemplo o texto de Mateus 25:31-40:

> Quando o Filho do homem vier em sua glória, com todos os anjos, assentar-se-á em seu trono na glória celestial. Todas as nações serão reunidas

> diante dele, e ele separará umas das outras como o pastor separa as ovelhas dos bodes. E colocará as ovelhas à sua direita e os bodes à sua esquerda. Então o Rei dirá aos que estiverem à sua direita: "Venham, benditos de meu Pai! Recebam como herança o Reino que lhes foi preparado desde a criação do mundo. Pois eu tive fome, e vocês me deram de comer; tive sede, e vocês me deram de beber; fui estrangeiro, e vocês me acolheram; necessitei de roupas, e vocês me vestiram; estive enfermo, e vocês cuidaram de mim; estive preso, e vocês me visitaram." Então os justos lhe responderão: "Senhor, quando te vimos com fome e te demos de comer, ou com sede e te demos de beber? Quando te vimos como estrangeiro e te acolhemos, ou necessitado de roupas e te vestimos? Quando te vimos enfermo ou preso e fomos te visitar?" O Rei responderá: "Digo-lhes a verdade: O que vocês fizeram a algum dos meus menores irmãos, a mim o fizeram."

Junto com o que está escrito nessa passagem, a Comunidade Bíblica de Oak Cliff promove conferências para desenvolvimento eclesiástico que já forneceram treinamentos importantes para mais de mil outras igrejas até hoje. A igreja adotou mais de 65 escolas públicas em um programa de evangelização chamado Projeto Transformação, que fornece serviços de orientação, acompanhamento e apoio familiar para estudantes. A igreja também é muito forte na questão da reconciliação racial. Atos 17:26 afirma claramente que temos todos o mesmo sangue, de modo que a pessoa sentada perto de você na igreja, seja ela negra, branca ou de qualquer outra raça, é, literalmente, um irmão ou uma irmã de sangue.

Em um artigo publicado em 9 de novembro de 2003 no jornal *The Dallas Morning News*, o colunista William McKenzie faz um relato entusiasmado do que aconteceu quando o presidente Bush visitou a Comunidade Bíblica de Oak Cliff. O presidente descreveu o Dr. Evans como um "empreendedor social" quando falou sobre a iniciativa da igreja com o Projeto Transformação. O colunista fez esta observação: "Evangélicos brancos e congregações negras podem parecer incompatíveis [...] Está na hora de reconhecer uma força que pode transformar a cultura e a política dos Estados Unidos

— se ambos perceberem seu potencial." Estou vendo isso acontecer com freqüência cada vez maior.

Quando o presidente Bush entrou para assistir ao culto da Comunidade Bíblica de Oak Cliff, em 29 de outubro de 2003, a multidão foi à loucura, tamanho era seu entusiasmo. Para ser sincero, a motivação já era extraordinariamente grande antes mesmo de o presidente chegar. Os pastores incentivavam a platéia a procurar viver "louca de paixão pelo Senhor". Gritos de "glória a Deus" e "aleluia" ecoavam por todo o santuário. Durante todo aquele período, as pessoas batiam palmas, se agitavam e cantavam. Talvez seja por isso que uma pesquisa realizada pelo Pew Research Center revelou que: "Evangélicos brancos e freqüentadores de igrejas afro-descendentes compartilham muitas crenças. Eles tendem a concordar a respeito do cumprimento da profecia bíblica em relação a Israel e a volta de Cristo. Eles acreditam que os valores religiosos deveriam influenciar a política."[7]

Muitos comentários dos membros da igreja refletem a eficácia daquilo que o pastor Evans e sua congregação estão fazendo. A Comunidade Bíblica de Oak Cliff patrocina uma centena de ministérios que divulgam ativamente o Evangelho e ajudam as pessoas onde quer que elas estejam.

O trabalho paciente e consistente do pastor Tony Evans para divulgar os princípios bíblicos que ensina, prega e vive é uma das razões pelas quais me sinto otimista a respeito do papel que o Cristianismo pode exercer no mundo hoje se todos nós começarmos a fazer as coisas à maneira de Deus!

Jim Dawson

Portanto, como povo escolhido de Deus, santo e amado, revistam-se de profunda compaixão, bondade, humildade, mansidão e paciência.

(Colossenses 3:12)

A vida de Jim Dawson é um ótimo exemplo de que seguir os princípios bíblicos e ser abençoado com o fruto da paciência podem contribuir para a formação de uma família maravilhosa e de uma carreira profissional fora do comum. Era evidente, até mesmo para um observador casual, que a família Dawson era muito unida. Jim vivia cercado pelos seis filhos, sendo que quatro deles moravam dentro de um raio de algumas centenas de metros, e outro continuava vivendo na casa dos pais. Vamos dar uma olhada no que fez de Jim Dawson um homem tão notável.

Jim entregou a vida a Cristo quando ainda era um rapaz. Quando começou a trabalhar na Zebco Fishing Tackle Company, uma empresa de equipamentos de pesca, muitos dos executivos ficaram um pouco nervosos, e alguns deles até mesmo bastante descontentes com a maneira como ele exercia sua função. Mas Jim estava promovendo um processo que não apenas salvaria a empresa e evitaria que tivesse de mudar para outro país para continuar a produzir, como também a transformaria em um negócio de 720 milhões de dólares. Esse processo envolveria tanto o crescimento interno quanto aquisições posteriores.

Quando ele chegou na Zebco, muitos executivos e todos os operários estavam alheios ao fato de que a empresa estava passando por grandes dificuldades. O mercado asiático estava fabricando molinetes de pesca de melhor qualidade e mais rapidamente que o produto da Zebco. Além disso, vendia a um preço menor, enquanto os produtos da Zebco ficavam mais caros a cada dia. A inflação era alta, e não havia nenhum programa de redução de custos eficaz.

Jim Dawson compreendeu que alguma coisa precisava ser feita, e sabia que isso exigiria a cooperação de todos os trabalhadores da empresa. Pacientemente, começou a realizar reuniões do tipo *seis-a-um* — seis funcionários e ele. Com o tempo, conforme esses encontros eram realizados, ele compartilhava a visão e os sonhos que tinha, e dizia aos trabalhadores que precisava com urgência da colaboração de todos para que a empresa pudesse sobreviver. Afinal de contas, todos estavam trabalhando na linha de produção, e sabiam muito mais sobre a melhor maneira de reduzir custos, ganhar tempo e aprimorar a qualidade dos produtos. Eles ganharam a liberdade de fazer comentários e observações; Jim, por sua vez, descobriu que os operários eram muito solícitos. De reunião em reunião, conseguiu conquistar fé, confiança e bons relacionamentos. Ele dedicava cerca de duas horas a cada grupo, durante as quais teve a oportunidade de conhecer cada um de seus operários pessoalmente. Como resultado dessa iniciativa, eles passaram a respeitá-lo e a acreditar nas coisas que estavam sendo feitas.

Os funcionários reconheceram em Jim alguém que se importava com eles. Ficaram impressionados ao ver que ele compreendia como as pessoas de todos os níveis da empresa precisavam ser alertadas sobre a necessidade de mudanças, e que elas desejavam ser tratadas com honestidade e transparência total por parte da diretoria.

Uma das mudanças de procedimento mais inovadoras e eficazes promovidas por Jim aconteceu certa tarde, quando ele conversou cara a cara com um grupo de secretárias da empresa. Ele as orientou a chegar às sete e meia da manhã no dia seguinte, removerem todas as sinalizações que indicavam vagas de estacionamento exclusivas e pararem os carros naqueles espaços. Quando os diretores chegassem, às oito da manhã, não haveria vagas para estacionarem seus carros. Nem é necessário dizer que todas as secretárias chegaram bem cedo e ficaram felizes por poderem ocupar aqueles espaços. Naquele dia, o direito de ter uma vaga própria passou a ser parte de um programa denominado "Clube do Presidente". As vagas especiais agora eram de qualquer pessoa que tivesse 100% de assiduidade ao trabalho, fosse operário da linha de produção ou gerente. Jim transformou o que antes era um símbolo de *status* em um programa motivacional para todos os trabalhadores.

Em seguida, decidiu retirar os relógios de ponto da fábrica. Sentia que aqueles aparelhos não passavam de mais uma barreira entre a gerência e os funcionários, e um sinal claro de falta de confiança. Em determinada manhã, ele chegou ao local onde ficavam os relógios de ponto com um pé-de-cabra e começou a retirá-los das paredes. Quando os funcionários chegaram, ficaram surpresos ao ver a pilha de relógios de ponto quebrados no chão, os dutos elétricos rompidos e as silhuetas de tinta antiga nas paredes, no lugar antes ocupado pelos aparelhos. A mensagem que ele estava transmitindo aos operários era bem clara e muito simples: "Confiamos que você chegará na hora certa e será responsável por seus horários. Você será tratado do mesmo modo que a gerência."

Depois, Jim deu um passo a mais naquele processo, criando novos padrões para o trabalho da gerência. Um executivo percebeu que Jim não era a única pessoa responsável por se certificar de que não haveria padrões dúbios — os gerentes teriam a mesma responsabilidade.

As ações pacientes de Jim aprimoraram o seu relacionamento e a sua credibilidade junto aos trabalhadores. Eles seriam capazes de colocar a mão no fogo por ele, pois Jim demonstrou que realmente se importava com a igualdade de tratamento na fábrica, e estava disposto a renunciar aos próprios privilégios, como a conveniência de ter uma vaga reservada no estacionamento.

Tudo aquilo tinha como meta conquistar apoio ao trabalho de conscientização que ele desejava realizar, mostrando que "a Zebco está em apuros". Tendo conseguido realizar esse objetivo, Jim percebeu que precisava de algo que abrisse os olhos de todos para que passassem a trabalhar juntos de fato. Ele fez isso por meio de uma iniciativa persuasiva.

Certa manhã, logo depois de todas as pessoas chegarem à fábrica, todas as luzes foram apagadas de modo inesperado. As instalações ficaram totalmente às escuras. Em seguida, o hino nacional dos

Estados Unidos começou a ser executado no sistema de som ambiente. Quando as luzes foram novamente ligadas, Jim e sua equipe de gerentes começaram a entregar bandeiras do país a todos. Em cada uma delas havia um pequeno adesivo em que se lia: "Fabricado em Taiwan." Depois, passaram às mãos dos funcionários jalecos nas cores vermelha, branca e azul com as seguintes palavras escritas atrás: "Departamento de Controle de Qualidade da Zebco." Naquele dia, aqueles que trabalhavam como inspetores da fábrica passaram de novo para a linha de montagem, e todos os funcionários assumiram a função de inspetores de qualidade.

Nesse momento, no chão da fábrica, Jim começou a falar. As luzes apagadas, segundo ele, simbolizavam o que poderia acontecer com a Zebco em função da concorrência estrangeira, se as coisas não mudassem logo. Assim como as bandeiras dos Estados Unidos que os funcionários receberam, os equipamentos de pesca passariam a ser fabricados em outro país, como Taiwan, e aí a empresa seria forçada a mudar sua produção para outro país, e as fábricas norte-americanas da Zebco teriam de fechar. Ele conseguiu a atenção total das pessoas.

Os adesivos com dizeres "Fabricado em Taiwan" conseguiram transmitir a mensagem com grande eloqüência. Se os norte-americanos não se importavam mais com o fato de a bandeira de seu país ser fabricada por estrangeiros, será que pensariam diferente em relação a equipamentos de pescaria? Ele deixou muito claro que os proprietários da Zebco poderiam mantê-la funcionando ou simplesmente vendê-la.

Em seguida, passou por cada grupo do ciclo de custos da Zebco, desde a produção dos molinetes até as vendas, e explicou por que parte da produção já havia sido transferida para o México. Mostrou que os custos de produção da Zebco eram muito mais altos do que os de países estrangeiros. Também apresentou anúncios em jornais que revelavam os preços reais dos molinetes da Zebco em comparação com a concorrência. Usando apenas algumas estatísticas, conseguiu explicar a que ponto queria chegar.

Com paciência, Jim Dawson dedicou tempo na construção de relacionamentos com as pessoas que, em última análise, seriam as responsáveis pelo sucesso da empresa. Apelou ao profundo orgulho que elas sentiam por seu país, e à preocupação que tinham de manter os empregos nos Estados Unidos. Tratava-se de um ponto em comum. Jim conseguiu facilitar a identificação da força de trabalho com ele no esforço hercúleo que deveriam enfrentar.

Há muito mais a se contar sobre essa história, mas o fato é que, num espaço de quinze anos, Jim e seus operários triplicaram o tamanho da Zebco, apesar da fortíssima concorrência das empresas asiáticas. Depois, incluíram mais itens à linha de produção, como bicicletas, equipamento para *camping* e acessórios náuticos. Os índices de eficiência na produção triplicaram, enquanto os custos foram reduzidos. O Zebco 33, que era o molinete mais básico da linha, antes vendido por quase trinta dólares, em 1954, hoje em dia pode ser encontrado por menos de dez dólares nas lojas. Em 1991, a Zebco venceu o Prêmio Wal-Mart de Fornecedor do Ano, destacando a empresa entre outros 8 mil fornecedores daquela rede de supermercados. Aí, em 1992, a Zebco fez história ao ganhar o mesmo prêmio pelo segundo ano consecutivo.[8]

O coração de Jim Dawson revelou o fato de que tudo quanto ele estava fazendo era apenas uma maneira de seguir os princípios bíblicos relacionados à importância de se preocupar com as outras pessoas, de acordo com a Regra de Ouro, e trabalhar "como servindo ao Senhor" (Efésios 6:7).

O sucesso empresarial de Jim abriu as portas para que ele passasse a fazer palestras nas mais diversas áreas. Por acreditar fortemente na Grande Comissão, ele aceitou tantos convites quanto possível para falar, e avisava a seus anfitriões que, não importasse qual fosse a platéia, ele falaria do Evangelho de Jesus Cristo de maneira ousada e bem clara. Aquilo fazia parte de seu ministério, e muita gente descobriu que ele falava sem reservas sobre aquilo em que acreditava.

Jim também doava tudo quanto ganhava como orador para a Fundação Shepherd's Hand [A Mão do Pastor], uma organização sem fins lucrativos que criou para ajudar mães solteiras que enfrentam dificuldades. Jim contou que tinha oportunidade de apresentar o ministério da Fundação Shepherd's Hand e o Evangelho de Jesus Cristo em todos os lugares onde falava, e as pessoas demonstravam ter o coração aberto para as duas coisas. A Shepherd's Hand expandiu-se desde Oklahoma até o México, e desde 1995 tem uma média de 85 estudantes com bolsas de estudo universitário, que cobrem todos os custos de matrícula, mensalidade e transporte.

As apresentações de Jim incluíam conselhos importantes para o sucesso nos negócios. As pessoas queriam ouvir o que tinha a dizer aquele homem que começara ganhando pouco mais de um dólar e meio por hora como operário e se tornara presidente de um grupo de empresas de equipamentos de lazer com total de receitas na faixa de 720 milhões de dólares. Só para citar alguns exemplos da eficiência de Jim Dawson como orador e testemunha de Cristo, durante um banquete com o prefeito de Kansas, 121 homens e mulheres de negócios indicaram que haviam recebido a Cristo. Em outro banquete de negócios em Oklahoma City, 67 pessoas fizeram o mesmo. Num café-da-manhã para líderes em Chattanooga, no Tennessee, 232 pessoas também indicaram que tinham orado como sinal de que recebiam a Jesus. Em um café-da-manhã com 150 treinadores da Comunidade de Atletas Cristãos, um terço deles procedeu da mesma maneira.

A lista não pára aí, mas o principal é que homens e mulheres de negócios que ocupam cargos de grande responsabilidade podem falar de maneira mais aberta sobre sua fé do que costumamos acreditar. Jim Dawson tornou-se presidente da empresa em 1989, e a fez triplicar de tamanho em apenas três anos. Ele dizia: "Falei sobre Jesus a muita gente, e fui muito sincero sobre meu relacionamento com ele. Isso nunca se revelou um problema, assim como jamais foi questionado. As pessoas sabiam quem eu era e quais eram os meus valores, e isso era bom."

Precisamos abrir nossos olhos e falar, de maneira ousada, sobre nossa fé, do mesmo modo que Jim Dawson fazia. Cada um de nós interage diariamente com pessoas que precisam receber o ministério, mas costumamos perder as oportunidades por causa da impaciência, correndo para o próximo compromisso profissional. A mensagem que Jim nos transmitiu é a mesma à qual todo cristão precisa prestar toda a atenção. Há muita gente sofrendo, precisando de Jesus. Devemos divulgar a melhor notícia do mundo de uma maneira amorosa, paciente, atenciosa, consciente e eficaz.

Capítulo 5

Amabilidade

> Por isso mesmo, empenhem-se para acrescentar à sua fé a virtude; à virtude o conhecimento; ao conhecimento o domínio próprio; ao domínio próprio a perseverança; à perseverança a piedade; à piedade a fraternidade; e à fraternidade o amor.
>
> (2 Pedro 1:5-7)

A definição que encontramos para "amabilidade" no *Dicionário Houaiss da Língua Portuguesa* é esta: "Qualidade ou característica de quem é amável, atencioso, delicado; afabilidade, gentileza; manifestação (por palavra, gesto etc.) dessa qualidade; ato de cortesia; favor, fineza."

A amabilidade é uma expressão externa do fruto do amor dentro da pessoa. Cristãos transformados refletem o caráter de Jesus por serem bondosos, gentis, misericordiosos e compassivos.

O Dr. Kenneth H. Cooper, Gary e Diane Heavin e Mary Kay Ash são bons exemplos de amor e amabilidade. O mais interessante é que todos os quatro estão envolvidos em projetos de promoção de bem-estar: o Dr. Cooper e Gary e Diane Heavin, ajudando as pessoas a manterem a boa forma por meio de exercícios físicos; e Mary Kay Ash, trabalhando com cuidados da pele e cosméticos. Cada um deles compreendeu que a única maneira de se sentir bem de verdade e ser totalmente saudável é mudando o corpo espiritualmente, de dentro para fora. Em casa, no trabalho ou no mercado profissional, eles falaram do amor e da graça salvadora de Jesus Cristo a outras pessoas de uma forma amável, deixando Deus cuidar dos resultados.

Kenneth H. Cooper

> [...] corramos com perseverança a corrida que nos é proposta, tendo os olhos fitos em Jesus, autor e consumador da nossa fé.
>
> (Hebreus 12:1,2)

Seja qual for a medida, pode-se dizer com certeza que o Dr. Kenneth Cooper influenciou a saúde do mundo inteiro. Ele já proferiu palestras em mais de cinqüenta países, e recebeu muitas honrarias em vários deles. Trata-se de um pioneiro na área da Medicina que chegou à conclusão de que seria muito mais prático e benéfico manter as pessoas saudáveis do que só tratar daquelas que enfrentassem sérios problemas de saúde. Pessoalmente, posso dizer que o Dr. Cooper me ajudou muito. Durante muitos anos, eu me mantinha acima de meu peso, até que comecei a seguir suas orientações e emagreci, em 1973. Mais de trinta anos depois, mantenho meu peso ideal, e ainda vou à clínica do Dr. Cooper regularmente para realizar os exames de *checkup* rotineiros.

O Dr. Kenneth Cooper enfrentou muitos desafios antes de se tornar um médico mundialmente renomado, pois seu círculo profissional não estava pronto para ouvir o que ele tinha a dizer. Felizmente, aqueles que aspiravam a uma vida saudável e conseguiram tudo o que queriam, estavam prontos. Ele é um homem de grande fé, que se evidencia em seu casamento, no exercício da profissão e na vida familiar, pois cada uma dessas áreas está fundamentada em princípios bíblicos.

O Dr. Cooper sempre esteve envolvido em assuntos relacionados à comunidade, e mesmo hoje em dia, na faixa dos setenta anos, parece dispor de muita energia para trabalhar longas horas, sempre demonstrando estar no auge de sua capacidade. Quando jovem, suas habilidades como corredor se aproximavam do nível olímpico, e ele levou esse mesmo padrão de desempenho que conquistara para todas as áreas em que atuou.

A direção que a vida do Dr. Cooper tomaria tornou-se evidente quando ele passou a colher informações que pudessem ajudar as pessoas a viver de modo mais saudável. Ele sempre colocou Deus em primeiro lugar, a família em segundo e a carreira em terceiro. O Dr. Cooper acredita que muitas pessoas passaram por sua vida em momentos providenciais, outra razão pela qual sua fé continua tão sólida.

Hoje em dia, ele se impressiona ao ver até que ponto a carreira o conduziu. Em 1970, quando tinha quase quarenta anos de idade, renunciou ao posto que ocupava na Força Aérea dos Estados Unidos em nome do desejo de dedicar tempo integral às pesquisas no campo da Medicina Preventiva no setor privado. Na época, a esposa estava grávida e o casal tinha uma filha de cinco anos. Não dispunham de plano de saúde, assim como não tinham dinheiro na poupança. Mas foi assim que ele deixou a segurança da carreira militar e se mudou para uma nova comunidade, na qual era um desconhecido. Isso exigiu muita fé e oração. Ele e a esposa, Millie, oraram com fervor a respeito dessa decisão, para que fosse a mais correta e que glorificasse a Deus.

Ele se mudou para Dallas e montou seu primeiro consultório com apenas três pessoas na equipe. Cerca de um ano depois, a clínica do Dr. Cooper foi transferida para a propriedade que ele adquirira graças ao amigo Joe McKinney e, como o próprio Cooper diz, com a ajuda de bênçãos providenciais que surgiram no caminho. É fácil entender por que o Dr. Cooper se sente tão impressionado: hoje ele trabalha com mais de 550 funcionários em sua equipe, incluindo 23 médicos, sendo dezessete responsáveis pelos exames físicos dos pacientes, três radiologistas, dois cardiologistas e um dentista.

Apesar de encontrar forte oposição da comunidade médica estabelecida, que achava que aquelas idéias de prevenção por meio de exercícios, basicamente caminhadas e corridas, ainda não haviam sido testadas de maneira apropriada, o Dr. Cooper conseguiu superar todos os obstáculos. A extensão de sua filosofia de trabalho não tem limites. Em alguns países, principalmente na América Central e na

América do Sul, é até comum usar outro nome para os exercícios de caminhada e corrida: as pessoas dizem que vão "fazer um *cooper*".

Além de sua carreira profissional formidável, o Dr. Cooper goza de um sólido relacionamento com a esposa, Millie, que tem oferecido seu apoio ao longo dos anos. Millie continua a ser uma grande incentivadora, e também é ótima palestrante. De tempos em tempos, eles dirigem seminários juntos.

Apesar de fazer o que gosta e ter uma carreira profissional muito intensa, o Dr. Cooper sempre tomou o cuidado de separar algum tempo para ficar com a família. O casal tem um filho e uma filha, dos quais sentem muito orgulho, mais do que justificável. Ele também é muito atuante na igreja que freqüenta graças à mãe e à avó cristãs, às quais credita a maior influência sobre sua vida com Cristo. Ele diz que foi graças a Deus que alcançou sucesso na profissão médica. Em vários sentidos, pode-se dizer que o Dr. Cooper é um homem da Renascença, tendo feito muitas coisas durante os anos como universitário que o ajudaram a desenvolver um grande interesse nas pessoas, na natureza e em todas as outras coisas que o mundo tem a oferecer.

Em praticamente todas as suas apresentações, o Dr. Kenneth Cooper fala de sua fé cristã e de seus valores bíblicos. Além disso, como médico praticante, ele tenta usar os princípios bíblicos no trabalho e no aconselhamento dos pacientes, e de modo especial com aquelas pessoas que passam por problemas físicos, emocionais ou financeiros. É justamente aí que o fruto da amabilidade se revela ainda mais. Poucos são os médicos que recomendam seus pacientes ao Médico Supremo, a verdadeira fonte de todo o poder e toda a força.

Mas o Dr. Cooper gosta de recomendar aos pacientes mais ansiosos o texto de Mateus 6:27: "Quem de vocês, por mais que se preocupe, pode acrescentar uma hora que seja à sua vida?" Outro versículo ao qual ele costuma se referir está em 2 Coríntios 4:8, que diz: "De todos os lados somos pressionados, mas não desanimados; ficamos perplexos, mas não desesperados." Como um complemento a esse versículo, ele cita também a última parte de 2 Coríntios 4:18: "[...] o que se vê é transitório, mas o que não se vê é eterno."

O Dr. Cooper usa sua Bíblia não apenas para fazer meditações pessoais, mas para orientá-lo na vida profissional e no aconselhamento de seus pacientes. Quase todas as manhãs da semana, ele dedica pelo menos quinze minutos à oração e ao estudo da Palavra de Deus. Ele ora diariamente pelo presidente dos Estados Unidos e por uma lista de pacientes, amigos e membros de sua família. Tenho certeza de que, se mais médicos orassem por seus pacientes, veriam resultados ainda melhores de seus cuidados e esforços. O Dr. Kenneth Cooper também lê textos cristãos, incluindo os livros de Chuck Swindoll e Max Lucado. Ele crê, e eu concordo, que para aproveitar a vida ao máximo é preciso estar em forma física e espiritual.

Kenneth Cooper me contou que, se fosse perguntado em 1970 o que estaria fazendo mais de 35 anos depois, ele teria dito mil coisas, menos o que está acontecendo. Segundo o Dr. Cooper, sua visão era limitada, mas a de Deus era infinita. Ele nem se atreve a arriscar um palpite sobre o que acontecerá nos anos que ainda lhe restam na vida!

A vida do Dr. Kenneth Cooper demonstra a verdade de um de seus ditados favoritos: "Se você soltar as rédeas da vida e permitir que Deus assuma o controle, ficará surpreso com as coisas que irão acontecer!"

Gary e Diane Heavin

Acaso não sabem que o corpo de vocês é santuário do Espírito Santo que habita em vocês, que lhes foi dado por Deus, e que vocês não são de si mesmos? Vocês foram comprados por alto preço. Portanto, glorifiquem a Deus com o seu próprio corpo.

(1 Coríntios 6:19,20)

Como vocês, que já me ouviram falar ou leram meus livros, devem saber, eu acredito que na simplicidade da transparência reside a melhor maneira de encarar a vida. Ela proporciona inovação e a confiança nas pessoas com quem você trabalha. Que princípio bíblico poderia ser mais simples e mais profundo quanto "Deus é amor"? (1 João 4:8)

Em 2003, conheci um homem que acreditava, de todo o seu coração, que Deus é amor, que Cristo é o Senhor, que a Bíblia é o manual perfeito de fé e conduta e que a Regra de Ouro (endossada pelos Dez Mandamentos) é a melhor e mais criativa maneira de encarar a vida e o sucesso. Sem dúvida, um modo saudável e simples de viver.

Gary Heavin convidou-me para falar na convenção nacional da empresa da qual ele e a esposa são proprietários. O evento foi em Las Vegas. O irmão de Gary foi quem me indicou, pois havia assistido a uma palestra na qual falei abertamente sobre minha fé durante a apresentação. Heavin queria que eu fizesse a mesma coisa no evento que ele estava promovendo, e os resultados foram extraordinários. Atualmente, estamos trabalhando juntos, e muito entusiasmados com isso. Gary é apaixonado pela vida e ama o próximo. Além de amar a esposa, Diane, que é sócia dele nos negócios — juntos, eles formam uma equipe e tanto.

A empresa que Gary e Diane fundaram é a Curves International, uma franquia de academias de ginástica que constitui uma das maiores histórias de sucesso no mundo dos negócios. A Curves International coloca em prática uma abordagem a respeito da vida e da saúde que revolucionou muitas pessoas e deu um novo gás ao universo das franquias. A empresa cresceu, alcançando mais de 6 mil franqueados em menos de um quarto do tempo que as redes de lanchonetes McDonald's e Subway levaram para chegar ao mesmo número. Atualmente, a Curves está se concentrando em mercados no exterior. O programa de exercícios da Curves inspirou mais de 4 milhões de mulheres, que estão se exercitando regularmente nas academias franqueadas. Duas dessas mulheres são minha esposa e minha nora, e elas compartilham meu entusiasmo pela empresa.

Em 1976, Gary Heavin largou um curso de pré-médico para assumir a gestão de uma academia de ginástica que estava à beira da falência. Com a ajuda do irmão, ele conseguiu transformar aquele problema em um negócio de sucesso. Abriu quatorze centros de ginástica e musculação para mulheres num período de dez anos. Aos 26 anos, Gary já era um milionário. Mas por causa de algumas decisões administrativas equivocadas, acabou chegando a uma dívida de 5 milhões de dólares, faliu e perdeu tudo: suas casas, seu avião, seus carros e assim por diante. Mas foram aquelas mesmas decisões que o levaram a entregar a vida a Cristo. No desespero que aquela grande perda provocou, Gary Heavin colocou-se de joelhos e aprendeu, como tantos outros antes dele, que Deus responde à oração.

Heavin gosta de dizer: "Deus me mostrou como lidar com a pobreza, e tem me ajudado a lidar com a prosperidade." Ele acredita, de todo o seu coração, que precisou passar por toda aquela dificuldade no passado para poder chegar aonde está hoje em dia. Sua primeira grande prova na vida foi a perda da mãe quando Heavin tinha apenas treze anos. Ela sofria com problemas de depressão, excesso de peso e pressão alta. Ele acha que a morte da mãe foi o que o motivou a se preocupar com a saúde feminina, e que um programa de condicionamento físico como o da Curves poderia tê-la salvado.

A Curves se concentra na criação de uma comunidade de apoio planejada especificamente para as mulheres. Os exercícios são fáceis de serem executados, duram apenas trinta minutos e se adequam ao nível de esforço de cada mulher.

Gary e Diane gastaram milhões de dólares para conquistar o reconhecimento da eficiência do programa da Curves. Pesquisas realizadas por intermédio do setor de saúde da mulher da Universidade de Baylor comprovaram, diante dos céticos, que três módulos de exercícios semanais de meia hora cada, realizados nos equipamentos especialmente desenvolvidos pela empresa e combinados com os programas nutricionais que eles criaram, permitem à freqüentadora da academia atingir e manter o peso ideal.[1]

As freqüentadoras da Curves recebem grande incentivo e orientação, o que também as capacita a se tornarem mulheres vigorosas. O programa simples de trinta minutos concebido por Gary, em que a pessoa muda de um aparelho para outro, permite exercitar todas as partes do corpo, e inclui atividade aeróbica, alongamento e aprimoramento da força física, que é o elemento que falta em muitos programas nutricionais e de exercício físico. Um benefício inesperado, mas muito bem-vindo, é a amizade que as freqüentadoras estabelecem entre si. Os aparelhos são dispostos numa formação circular, de modo que as mulheres podem ver umas às outras e conversar enquanto malham. Muitas delas me disseram que iniciaram mais amizades em poucos meses de freqüência na Curves do que durante toda a vida antes de ingressar na academia.

Gary reconhece que, de vez em quando, já perdeu bons negócios por falar abertamente a respeito de sua fé cristã, mas nunca deixa de tornar sua crença bem conhecida dentro da empresa. Os franqueados da Curves têm o direito de colocar a fé em prática dentro das instalações das academias, seja qual for a religião. Com amabilidade, Gary os avisa, de antemão, que vai falar a respeito da fé que professa. Muitos franqueados de outras preferências religiosas dizem que apreciam e compartilham vários valores de Gary.

Numa convenção recente em Toronto, no Canadá, Gary falou à platéia de empresários franqueados que iria reduzir o valor cobrado pelo uso da franquia — o qual, diga-se de passagem, já era bem abaixo de metade dos *royalties* mensais que as franquias em geral costumam cobrar —, pois era desproporcional com aquilo que era cobrado dos franqueados que trabalhavam em áreas menos populosas. Aumento de preços são comuns; fora do comum é o homem que reduz sua renda de modo que outros possam prosperar. Gary e Diane querem ajudar outras pessoas a serem bem-sucedidas, e a amabilidade do casal é uma evidência desse desejo.

Deus tem abençoado Gary e Diane de uma maneira inacreditável. Eles acreditam, com muito fervor, que, se a pessoa buscar primeiramente o Reino de Deus e sua justiça, todas as outras coisas serão proporcionadas (Mateus 6:33). Eles entregam bem mais do que o dízimo de sua renda pessoal à igreja que freqüentam e a instituições de caridade, e com o apoio de seus franqueados e das mulheres que freqüentam as academias, já levantaram mais de 20 mil toneladas de comida para bancos de alimentação locais nos últimos dez anos. Isso acontece em março, pois muitos bancos de alimentação recebem grandes doações no fim do ano, durante as comemorações do Dia de Ação de Graças e do Natal, mas as reservas costumam baixar muito no início do ano. Por isso, Gary e Diane doam num período em que a necessidade é maior, uma idéia que surgiu em função da amabilidade que Deus lhes concedeu.

Como está a situação da Curves, em comparação com outras franquias? Em cerca de apenas dez anos, eles se tornaram a sexta maior empresa de franquias dos Estados Unidos, e a nona colocada no mundo. Está sempre figurando como a número 1 do *ranking* das franquias de academias de ginástica e condicionamento físico, e nos últimos cinco anos foi considerada a franquia que mais cresce no mundo, a que exige o menor investimento e aparece entre as três melhores dos Estados Unidos.

Uma abordagem mais simples sobre a questão da saúde e da boa forma física, proposta por um homem e uma mulher que estão fazendo as coisas à maneira de Deus, beneficiou ao casal, às pessoas franqueadas e às freqüentadoras das academias da Curves. Quem pode questionar o sucesso desse empreendimento?

Mary Kay Ash

Que o amor e a fidelidade jamais o abandonem; prenda-os ao redor do seu pescoço, escreva-os na tábua do seu coração.

(Provérbios 3:3)

Quando Mary Kay Ash fundou sua empresa de cosméticos, desejava criar algo que proporcionasse às mulheres uma oportunidade real de conquistar estabilidade no emprego e crescimento na carreira profissional. Mary tinha passado pelo constrangimento da discriminação (que é o oposto da amabilidade) na própria trajetória profissional, por isso estava totalmente envolvida no compromisso de demonstrar amabilidade às mulheres, promovendo, para isso, mudanças no mundo dos negócios.

Antes de começar a Mary Kay Cosmetics, em pelo menos duas ocasiões diferentes ela treinou homens que, mais tarde, vieram a ser promovidos em seu lugar. Quando a empresa passou a funcionar, ela estava determinada a agir de maneira diferente, e deu início a uma filosofia de trabalho eficaz e inovadora.

Desde o começo, ela ensinava a seus consultores e diretores a colocar Deus em primeiro lugar, a família em segundo e a Mary Kay Cosmetics em terceiro, no que dizia respeito às prioridades. Isso fez com que as mulheres da organização fossem olhadas a partir de uma perspectiva apropriada.

Beneficiada pela liderança de Mary Kay e de seu filho, que era, de fato, um administrador de marketing notável, a empresa experimentou um crescimento fenomenal. Os carros cor-de-rosa com a assinatura Mary Kay podem ser vistos não apenas em todas as cidades dos Estados Unidos, mas em vários lugares ao redor do mundo. Quando alguém conversa com uma representante da Mary Kay, descobre uma pessoa verdadeiramente entusiasmada e grata pela oportunidade que recebeu. As representantes da Mary Kay não são apenas pessoas comprometidas com a empresa, leais e dedicadas ao trabalho, mas também recebem uma renda sem paralelos no universo dos vendedores.

Mary Kay aprendeu, do jeito mais difícil, aquilo que John J. Eagan, da American Cast Iron Pipe Company, já conhecia muito bem: se você vende as ações da empresa, perde o controle sobre o modo como os negócios são conduzidos. Mary Kay abriu o capital de sua empresa, e em seguida teve de comprar tudo de novo por um preço bem mais alto, quando a companhia deu mostras de que não estava sendo gerida do jeito que ela sempre quis que fosse — com Cristo no centro de tudo.

Tive o privilégio de ser um amigo bem próximo de Mary Kay Ash, e a amabilidade daquela mulher foi extremamente relevante em minha carreira, quando ela abriu as portas para que eu falasse a seus consultores e diretores. Por várias vezes, ela me convidou para dar palestras em encontros regionais em várias cidades dos Estados Unidos, assim como em convenções nacionais. Sempre fui grato por sua grande amabilidade.

Mary Kay usava as bênçãos que recebia para abençoar outras pessoas. O marido, Mel, morreu de câncer em 1980, e a experiência de testemunhar o sofrimento físico daquele homem, bem como a dor por sua morte, a levou a criar a Fundação de Caridade Mary Kay Ash, em 1996. A organização financia pesquisas científicas com o objetivo de combater os principais tipos de câncer que atingem as mulheres. A fundação também promove um programa chamado Break the Silence [Quebre o silêncio], que denuncia a violência doméstica e contribui anualmente com milhões de dólares para a manutenção de abrigos para mulheres.

Por causa da fé cristã de Mary Kay, uma enorme quantidade de funcionários de sua empresa foi beneficiada pela amabilidade extraordinária que ela demonstrava. Muitos de seus feitos, inspirados pela amabilidade e pela generosidade, não foram divulgados, seguindo o princípio bíblico de servir às pessoas como conseqüência do amor de Deus, e não para chamar atenção sobre si. O melhor legado de todos é que muita gente passará a eternidade no céu por causa da influência que Mary Kay Ash exerceu sobre a vida dessas pessoas.

Capítulo 6

Bondade

Porque outrora vocês eram trevas, mas agora são luz no Senhor. Vivam como filhos da luz, pois o fruto da luz consiste em toda bondade, justiça e verdade; e aprendam a discernir o que é agradável ao Senhor.

(Efésios 5:8-10)

O terceiro fruto externo é a bondade. A bondade (ou generosidade) do verdadeiro cristão é patente. A bondade, nesse sentido, refere-se à natureza generosa que nasce da compreensão de que as coisas que temos pertencem, em primeiro lugar, a Deus. Os cristãos compartilham aquilo que recebem em abundância, sabendo que não podem exceder à bondade de Deus. Quando eles se prontificam a doar aquilo que possuem — seja tempo, dinheiro ou outros recursos —, o fazem de todo o coração.

O fruto da bondade é abundante nas histórias de Butch Davis, Mary Crowley e Jim Norman. Na condição de treinador de futebol, Butch Davis é um líder de homens, enquanto Mary Crowley, que fundou a Home Interiors and Gifts, era uma líder de mulheres. Como consultor de mercado, Jim Norman trabalha tanto com homens quanto com mulheres. Cada uma dessas pessoas é um exemplo maravilhoso daquilo que significa colocar Cristo em primeiro lugar, e as coisas que elas fizeram influenciaram a vida de muitas outras.

Butch Davis

E não nos cansemos de fazer o bem, pois no tempo próprio colheremos, se não desanimarmos. Portanto, enquanto temos oportunidade, façamos o bem a todos.

(GÁLATAS 6:9,10)

Por muitos anos, o time de futebol americano da Universidade de Miami, conhecido como os Hurricanes, não saiu do lugar. Foi aí que o treinador Howard Schnellenberger levou a universidade à fama, ao liderar a equipe na disputa pelo campeonato nacional de 1983. Desde então, o time foi dirigido por Jimmy Johnson, Dennis Erickson, Butch Davis, Larry Coker e, atualmente, Randy Shannon. Todos eles conquistaram campeonatos, menos Butch Davis. No entanto, o êxito do time de 2001, liderado por Larry Coker, foi um reflexo dos esforços de recrutamento de Butch Davis e sua equipe técnica, que criaram um ambiente propício ao sucesso.

A edição do jornal *USA Today* de 21 de maio de 2003 trouxe uma reportagem segundo a qual a Conferência da Costa do Atlântico estava cortejando ostensivamente a equipe do Miami Hurricanes porque sabiam que se tratava de um grande chamariz que atrairia dinheiro para os cofres de todos os times associados.[1] Era um texto que elogiava muito a equipe de futebol americano dos Hurricanes, mas ele não mencionava o que acontecera para que a situação chegasse àquele ponto, tornando a presença do time algo tão desejável. Eu me encarregarei de preencher os espaços que a reportagem deixou em branco.

Quando Butch Davis assumiu a direção da equipe como treinador, em 1995, a reputação do Miami Hurricanes era a pior possível. A bondade era uma virtude que não se via em lugar nenhum. O comportamento do time durante a partida contra a Universidade do Texas na disputa do Cotton Bowl de 1991 — ocasião em que os Hurricanes usaram linguagem de baixo calão e cometeram dezesseis infrações, sendo obrigados a recuar 202 jardas no total — criou uma péssima imagem. Quando jogaram contra a Universidade Notre Dame, alguém inventou uma camiseta com os dizeres "Católicos *versus* Criminosos", que vendeu como pão quente. Vários jogadores do Miami Hurricanes viviam se metendo em encrencas com a polícia. Ao enfrentar o time da Penn State pelo campeonato nacional, parecia que a equipe dos Hurricanes acabara de sair de uma batalha, pois seu estado era lastimável. Embora fossem os favoritos, acabaram perdendo. Estou convencido de que, jogando em campo neutro, o apoio da multidão ao time da Penn State fez a diferença.

O treinador Davis começou a promover as mudanças fazendo as coisas da maneira certa. Ele assumiu um interesse por seus jogadores que ia muito além das responsabilidades normais de um treinador. Davis renovou a imagem daquele time insistindo nas virtudes morais e na importância do caráter, da integridade e do envolvimento na universidade e na comunidade. Ele preparou seus atletas para vencerem jogos de futebol americano à medida que os preparava para vencer na vida, uma habilidade que possui qualificação para ensinar porque conhece aquele que nos dá vida plena (João 10:10).

Há muitos anos, Butch Davis assistiu a um seminário de minha empresa em Dallas, intitulado "Nascido para a vitória". Quando aquele seminário termina, costumo falar algo mais ou menos assim: "Muitos de vocês perguntaram o que aconteceu comigo em 4 de julho de 1972. Dentro de dez minutos, numa sala separada, vou contar o que ocorreu. Todos estão convidados. Todos são bem-vindos. Mas não acredito que todos compareçam." Naquela sessão, Butch Davis entregou sua vida a Cristo.

Dois anos depois, joguei golfe com Butch em Miami, e ele me contou que toda segunda-feira participava de um estudo bíblico com os treinadores assistentes e a equipe técnica. Disse também que, em média, 55 de seus jogadores participavam da Comunidade de Atletas Cristãos e freqüentavam cultos antes de cada jogo. Ele acredita que, quando a situação fica muito complicada e há um jogo a ser disputado, o caráter é um fator importante para determinar quem será o vencedor. O recorde de seu time fala por si.

Durante o primeiro ano como treinador dos Hurricanes, Davis puniu vários jogadores com suspensão e deixou bem claro que qualquer comportamento prejudicial ao sucesso da equipe e aos atletas não seria tolerado. Muitos dos estudantes não gostaram muito das suspensões, mas não demorou muito para que todos vissem que havia um novo regime de conduta funcionando. Em 1995, o time terminou a temporada com oito vitórias e três derrotas. No ano seguinte, foram nove vitórias contra três derrotas. Em 1997, venceram cinco partidas e sofreram seis reveses, perdendo 31 bolsas de estudo devido a sanções impostas pela National Collegiate Athletic Association (NCAA) por causa de violações às regras de recrutamento anteriores à posse de Davis. Em 1998 e 1999, os Hurricanes venceram nove partidas e perderam três.

No ano seguinte, foram onze vitórias e uma derrota, perdendo somente a final do campeonato nacional. O progresso radical aconteceu porque atletas de alto nível de vários pontos dos Estados Unidos reconheceram que o treinador Davis e sua equipe eram pessoas de fé e caráter que se dedicavam generosamente a desenvolver o potencial na vida de seus jogadores. Atletas de grande valor moral começaram a freqüentar a Universidade de Miami porque queriam fazer parte daquela "nova" tradição.

Butch Davis deixou o cargo de treinador dos Hurricanes em janeiro de 2001, depois de conquistar o Sugar Bowl ao vencer o time da Flórida por 37 a 20. A equipe que ele recrutou venceu o campeonato nacional de 2002.

Em 2001, o treinador Davis aceitou uma oferta dos Cleveland Browns, e levou consigo a mesma filosofia baseada na virtude do caráter. Era o terceiro ano do Browns na Liga Nacional de Futebol Americano, e eles terminaram a temporada com sete vitórias e nove derrotas, o que já constituía um progresso. Davis chegou à marca de 24 vitórias e 35 derrotas com os Browns antes de deixar o cargo, em 2004. Em seguida, trabalhou na televisão por duas temporadas, até que assinou como treinador do time de futebol americano da Universidade da Carolina do Norte, em novembro de 2006.

Butch me contou que, depois de apenas quatro meses de trabalho na Universidade da Carolina do Norte, já conseguia ver uma transformação extraordinária na atitude e no espírito dos jogadores graças, em grande parte, à excelente equipe de treinadores assistentes. Davis também disse que o estudo bíblico das manhãs de segunda-feira passou a contar com o maior índice de presença que já teve. O número de participantes triplicou em um curto espaço de tempo. Ele vê Deus trabalhando na vida de seus atletas, em particular, e no esporte, de forma geral.

Viver de acordo com os princípios bíblicos e ensiná-los produziu um efeito tremendo na vida do treinador Davis e das pessoas com as quais ele mantém contato. Ele diz que os salmos 23 e 121 o consolam quando as coisas complicam ou quando fica muito tempo longe de casa, viajando com seus jogadores. As reflexões sobre coragem contidas no primeiro capítulo do livro de Josué ajudam quando ele está diante da adversidade. De um ponto de vista mais edificante, quando Butch pensa nos sacrifícios que faz pela esposa e pelo filho, ele se lembra de que não existe sacrifício maior do que aquele sobre o qual lemos em João 3:16.

O sucesso é, de fato, muito mais doce quando é conquistado com a bondade, a integridade, a verdade e o amor que Cristo nos ensinou.

Mary Crowley

Não se esqueçam de fazer o bem e de repartir com os outros o que vocês têm, pois de tais sacrifícios Deus se agrada.

(Hebreus 13:16)

Mary Crowley foi realmente uma das pessoas mais notáveis que já conheci. Ela possuía uma fé muito sólida, era generosa nas contribuições que fazia e singular na maneira como encarava várias coisas. Mary Crowler fundou a Home Interiors and Gifts com muito pouco dinheiro. Muitos bancos se recusaram até mesmo em pensar na possibilidade de lhe conceder um financiamento por causa das idéias "revolucionárias" que tinha, baseadas na virtude moral. Ela acreditava que os fornecedores deveriam receber o pagamento na hora em que entregassem a fatura, e não em trinta, sessenta e noventa dias, como faziam muitos empresários.

Mary construiu sua empresa sobre princípios bíblicos, e iniciou um processo que proporcionava oportunidades ao pessoal envolvido na apresentação e na venda dos produtos. Os artigos de decoração do lar, com preço justo, eram bonitos, úteis e práticos. Usando o livro de Provérbios como manual para ensinar a seus gerentes os princípios da Bíblia, dirigia turmas de treinamento em ambientes sossegados, bem longe do tumulto da atividade intensa.

Ela contribuiu com milhões de dólares em bolsas de estudo em faculdades cristãs, e sem dúvida salvou pelo menos duas dessas instituições por causa de seu amor e de sua generosidade. A linda Capela Mary C. Crowley, no complexo Carr P. Collins do Exército de Salvação, em Dallas, foi financiada pela Fundação Crowley Carter, em homenagem a Mary. O interesse que ela mantinha na saúde espiritual das pessoas foi constante durante toda a sua vida, e não consigo imaginar em um tributo mais adequado para mantê-la na memória do que uma capela na qual homens e mulheres restaurados espiritual, mental e fisicamente podem louvar a Deus.

Outra contribuição significativa à sociedade que faz parte do legado de Mary é o Centro de Pesquisas Médicas Mary Crowley, localizado no campus do Centro Médico da Universidade Baylor, em Dallas. Trata-se de um dos maiores centros de tratamento de terapia genética nos Estados Unidos, e que procura descobrir vacinas e terapias genéticas e celulares que poderão expandir as alternativas de tratamento para pacientes com câncer, uma doença contra a qual Mary batalhou por muitos anos, antes de sua morte.

Antes de começar a Home Interiors and Gifts, Mary trabalhava para uma empresa em que cuidava das vendas. Ela foi uma das principais responsáveis pelo crescimento daquela organização, que chegou a patamares sem precedentes. Mas quando a empresa começou a servir coquetéis em suas convenções, protestou com veemência, reconhecendo o perigo inerente. Como conseqüência de seus protestos, acordou certa manhã para encontrar sua mesa de trabalho em frente à porta da casa onde morava. Por causa da fé e da bondade que possuía, Mary fora despedida da maneira mais cruel que se poderia imaginar.

Romanos 8:28 nos assegura: "Sabemos que Deus age em todas as coisas para o bem daqueles que o amam, dos que foram chamados de acordo com o seu propósito." Mary Crowley provou que esse princípio bíblico está correto. Guardo uma imagem dela em minha "Galeria da Gratidão" porque exerceu um papel muito importante em minha vida e minha carreira. Mary não só foi exemplo dos princípios bíblicos pelos quais viveu, como também convidou-me várias vezes para falar em sua empresa e visitar sua igreja quando minha carreira ainda estava começando.

Passados muitos anos desde a morte de Mary Crowley, a Home Interiors and Gifts continua se fortalecendo. Os mesmos conceitos, princípios e processos bíblicos são colocados em prática até hoje, pois a empresa reconhece que o caminho de Deus ainda é o melhor caminho.

O ano de 2002 foi memorável para a Home Interiors and Gifts, com cerca de 1 bilhão de dólares em vendas no varejo; 2003 foi melhor ainda. Uma das principais razões para o sucesso da empresa é que ela assegura ganhos para os funcionários do atendimento, para os consumidores, para os gestores e para a própria organização. Trata-se, de fato, de uma situação do tipo "todo mundo ganha", e de tal maneira que, em 2003, dos 1,2 mil gestores que operavam nos Estados Unidos, Canadá e México, apenas dez deixaram seus cargos — seis deles, por causa da aposentadoria, enquanto os outros quatro não atingiram a cota exigida para que mantivessem seu cargo gerencial, mas continuam trabalhando na empresa.

Considerando que a confiança é o vínculo que une qualquer organização, essa virtude ganha ainda maior destaque na Home Interiors and Gifts. Depois de muitos anos lidando pessoalmente com essa empresa, posso garantir que ela é aquilo mesmo que demonstra, e a palavra empenhada ali é mantida. Eles aplicam os princípios bíblicos em todas as práticas comerciais. As faturas continuam sendo pagas na hora da apresentação, do jeito que Mary Crowley insistia que deveria ser feito. Os fornecedores vendem para a empresa com condições muito especiais, pois sabem que a Home Interiors and Gifts cumpre seus compromissos. Os cheques dela nunca voltam.

A empresa assegura a todo o seu pessoal a oportunidade de aproveitar ao máximo os momentos que passa com a família. Isso significa simplesmente que a Home Interiors and Gifts reconhece o valor do cônjuge no lar, e faz tudo o que pode para beneficiar a família, e não apenas o atendente ou o diretor.

Em resumo, a Home Interiors and Gifts é uma empresa com o coração e os fundamentos baseados na Palavra de Deus. Mary sempre promoveu o progresso das outras pessoas, e foi uma empresária que fez mais do que oferecer oportunidades iguais. Ela também foi a primeira mulher a participar da diretoria da Associação Evangelística Billy Graham. Pouco depois de conhecermos Mary, no início dos anos 1970, minha família e eu ficamos impressionados ao saber que ela adorava empregar adultos com limitações mentais ou físicas de todas as maneiras possíveis. Aquela era uma decisão empresarial fora do comum, que estava muito à frente de seu tempo e também constituía reflexo da jornada pessoal de Mary com Jesus Cristo.

Hoje em dia, o legado de generosidade e bondade de Mary está presente na organização A Pocketful of Hope [Um Punhado de Esperança], que foi formada em função do ataque terrorista de 11 de setembro de 2001 e levantou 1 milhão de dólares para o Fundo de Apoio a Vítimas de Desastres da Cruz Vermelha dos Estados Unidos. Ao longo dos anos, a Home Interiors and Gifts doou mais de 65 milhões de dólares a várias causas relacionadas à assistência social, incluindo a Habitat for Humanity International, a Associação Norte-americana do Coração e a Fundação Susan G. Komen de Câncer da Mama.

Sim, o fruto de amor de Mary, que foi sua generosidade, continua visível por meio de seu legado e de sua empresa, embora ela tenha voltado para casa para estar com seu Senhor há muitos anos.

Jim Norman

> Se vocês permanecerem firmes na minha palavra, verdadeiramente serão meus discípulos. E conhecerão a verdade, e a verdade os libertará.
>
> (João 8:31,32)

Conheço Jim Norman há quase 25 anos, e ver como Deus tem trabalhado em sua vida é tanto uma jornada quanto uma bênção. Já vi Jim no ponto mais alto possível, assim como à beira do desespero; e já o vi dedicar horas intermináveis para ajudar outras pessoas que se encontravam em situações igualmente difíceis. Sua generosidade em relação ao tempo de que dispõe, assim como outros recursos, abençoou muita gente ao longo dos anos. Ele é um servo obediente do Senhor, e a bondade é abundante em sua vida... mas nem sempre foi assim.

Aos doze anos de idade, lá estava Jim Norman caminhando pelo corredor entre as cadeiras da Primeira Igreja Batista de Harleton, no Texas. Estava entusiasmado, pois seria batizado naquele dia e, com isso, achava que passaria a ser um menino com um coração diferente, mas estava enganado. Na semana seguinte, ainda fazia as mesmas coisas que o haviam metido em encrencas porque, em sua mente juvenil, tinha concluído que Deus não estava nem um pouco preocupado em consertar a sua vida. Ele resolveu ignorar a decepção e fazer tudo na vida por conta própria.

O pai o insultava e ridicularizava, no que considerava um esforço para transformá-lo num "homem de verdade", e Jim desenvolveu um profundo ressentimento em relação a qualquer pessoa que pudesse exercer autoridade sobre ele. As coisas ficaram muito complicadas na escola e em casa. Quando estava no final do Ensino Médio, seu pai o enviou a uma academia militar, onde "poderiam colocar meu filho na linha".

Depois de receber muitas punições e passar horas intermináveis em exercícios militares pesados, Jim começou a se adequar.

Ele despontou dentro daquele ambiente militar, e aprendeu que os elogios são gratificantes. Gostava das honrarias recebidas como resultado de grandes conquistas, e isso transformou totalmente seu comportamento por fora. Dentro dele, porém, o coração ainda era rebelde, e a mente dizia que ele não era suficientemente bom — não, pelo menos, para os padrões impostos pelo pai. Nem suficientemente bom diante de Deus.

Depois de se formar pela Universidade Cristã do Texas, Jim entrou para a Força Aérea como oficial. Tinha o sonho de se tornar um piloto. Um exame físico revelou um problema nos olhos que o impedia de voar. Bastante decepcionado, Jim deu início a uma jornada que o levou a lugares aos quais jamais gostaria de ter ido.

Um desses lugares foi as Filipinas, durante a Guerra do Vietnã. As lembranças daqueles dias sombrios ainda são fortes, e Jim evita falar sobre as experiências que teve naquela época. O tempo que passou com os pais em Harleton, depois de terminado o período do serviço militar, ajudou um pouco, mas levou meses até que conseguisse reunir forças suficientes para encontrar um emprego.

Logo depois, Jim começou a trabalhar em Fort Worth, no Texas, e conheceu a mulher com a qual viria a se casar. Infelizmente, ela estava casada com outra pessoa na época, mas nenhum dos dois permitiu que aquilo fosse um impedimento. Assim que ela se divorciou, os dois se casaram.

Doze anos mais tarde, depois de montar um negócio bem-sucedido, adotar a enteada e ter dois filhos, ele se separou da mulher. Jim e a esposa apelaram para o álcool para ajudar a aliviar o sofrimento que o relacionamento causara. Até tentaram ir para a igreja e buscar aconselhamento, mas já era tarde demais. A confiança entre os dois já estava deteriorada. Ambos tinham receio quanto ao futuro, e o casamento de Jim acabou se transformando numa batalha jurídica travada entre os mais poderosos advogados de Fort Worth.

No dia em que o divórcio saiu, Jim teve seu primeiro encontro com Julie, a mulher que se tornaria sua segunda esposa. Três meses depois, eles se casaram. Ele garantiu a ela que não precisaria de muito tempo para se recuperar do divórcio. Disse que já se sentia emocionalmente separado havia bastante tempo. No entanto, três meses depois do casamento, Jim voltou a beber muito, e cada vez mais. A esposa, assustada e sem saber o que fazer, passou a beber com ele. A loucura continuava.

Contudo, a jornada espiritual que Jim iniciara num esforço para salvar o casamento fracassado continuou também. Ele e Julie descobriram uma igreja com a qual se identificaram e passaram a se envolver muito nas atividades. Apesar da confusão etílica em que viviam, ambos começaram a ouvir a Palavra de Deus, que foi criando raízes.

Depois de dois anos e meio, Jim e Julie participaram de um grupo dos Alcoólicos Anônimos, no qual aprenderam a "render-se completamente e deixar Deus fazer o resto". Jim disse, diante de Deus, que tudo quanto possuía era do Senhor, e pediu que fosse tirado dele tudo que pudesse ser pedra de tropeço para sua relação com o Criador. Num espaço de apenas três meses, aquele estilo de vida desregrado sofreu uma interrupção. As razões foram muitas e variadas, mas Jim sabia que era aquilo que Deus desejava para ele.

Por fim, Jim perdeu tudo que tinha: a casa, os carros, as contas bancárias, tudo. Todos os bens materiais, que mostravam ao mundo que ele era "alguém", se foram. As coisas que sustentavam seu ego não existiam mais. Mas ele estava sóbrio e feliz pela primeira vez na vida, até onde conseguia se lembrar.

Com todas as "coisas" fora de seu caminho, Jim poderia se concentrar em Deus. Durante meses, estudou a Bíblia. Começou a apoiar os que freqüentavam as reuniões dos Alcoólicos Anônimos, e quando "o Deus de sua compreensão" não fazia sentido para aquelas pessoas, Jim falava sobre Jesus. Logo estava dirigindo estudos bíblicos semanais em casa, nos quais recebia os amigos dos AA que desejavam saber mais sobre o Deus da Bíblia.

Jim começou a trabalhar com consultoria e montou um escritório em casa. Apesar de as coisas parecerem estar entrando nos eixos, ele e a esposa ainda não haviam aprendido a se comunicar direito depois de deixar a bebida. O casamento de quase doze anos estava desgastado, e quando Jim teve uma ligeira recaída em relação a um antigo vício em pornografia, a esposa o deixou.

Felizmente, a comunidade da igreja de Jim e Julie ofereceu aconselhamento, apoio e incentivo para tentar salvar o casamento, explicando que Deus odeia o divórcio, e criou o casamento para ser um compromisso vitalício. Convencido por Deus, Jim parou de ver pornografia na internet antes mesmo que Julie conversasse com ele a respeito disso. Mas ela não havia desistido da separação, insistindo que eles precisavam fazer alguma coisa drasticamente diferente para que o casamento pudesse voltar à trilha certa.

Depois de um ano recebendo aconselhamento e indo juntos à igreja, Jim e Julie se reconciliaram, e hoje vivem o casamento que Deus sempre desejou para eles. São amigos, amantes e confidentes. Nenhum dos dois pode se imaginar vivendo longe do outro. Eles gostam mesmo um do outro, e tremem só de pensar no que poderiam estar perdendo.

Desde então, Deus tem usado Jim e Julie para ajudar outras pessoas a salvar seu casamento. Jim trabalha regularmente no aconselhamento de homens que lutam contra todo tipo de vício, ensinando-os a manter os pensamentos cativos, da maneira que as Escrituras nos instruem. Durante anos, ele dirigiu, nas tardes de sábado, reuniões dos Alcoólicos Anônimos baseadas nos princípios bíblicos em uma prisão perto de sua casa. Ele foi abençoado quando teve a oportunidade de conhecer alguns daqueles detentos que cumpriram a pena, e descobriu que eles continuavam sóbrios, vivendo para Jesus fora da prisão onde viviam confinados.

Jim também deu início a um ministério de rádio semanal, chamado *Wise People* [Gente sábia]. Ele entrevista pessoas que vivem para Jesus. Os temas são tão variados quanto as pessoas que Jesus usa para realizar sua vontade, e posso garantir que o programa de rádio é repleto de mensagens de esperança e inspiração. Tive o prazer de falar sobre a história de minha salvação no programa de Jim.

Sim, Deus pode pegar uma pessoa que ama seus bens materiais, viciada em álcool e pornografia, curá-la e usá-la para influenciar outras a entregar a vida a Cristo. Jim Norman descobriu a verdade que liberta as pessoas. E isso é muito bom!

Parte III:

O FRUTO TRANSCENDENTE DO ESPÍRITO

Capítulo 7

Fidelidade

> Muito bem, servo bom e fiel! Você foi fiel no pouco, eu o porei sobre o muito. Venha e participe da alegria do seu senhor!
>
> (Mateus 25:21)

Por intermédio do Espírito Santo, aqueles que crêem são fiéis e constantes em seu amor e sua devoção. A fé que demonstram possuir é resoluta e confiável. Os cristãos confiam em Deus. Acreditam nele e o obedecem. E assim como uma mariposa é atraída pela luz, os fiéis são atraídos a Cristo de um modo irresistível.

Bill Bright, fundador da Cruzada Estudantil e Profissional para Cristo Internacional, o empreendedor Mike Godwin e Tom Harken, vencedor do prêmio Horatio Alger,[1] são homens cujas vidas constituem grandes exemplos de como servir ao Senhor com fidelidade. Bill Bright já recebeu sua recompensa celestial.

Bill Bright

Dou graças a Cristo Jesus, nosso Senhor, que me deu forças e me considerou fiel, designando-me para o ministério.

(1 Timóteo 1:12)

Fiquei aborrecido, espantado e decepcionado quando a edição de 22 de julho de 2003 do jornal *USA Today* abriu mais espaço para a morte do cachorrinho do roqueiro Ozzy Ozbourne (um chiuaua preto chamado Lulu) do que para o falecimento de Bill Bright, fundador e líder da Cruzada Estudantil e Profissional para Cristo Internacional. Acho que essa discrepância revela a verdadeira situação de nossa sociedade, e explica, em grande parte, por que Bill Bright foi fiel, por mais de cinqüenta anos, ao cumprimento daquela que é conhecida como a Grande Comissão (Mateus 28:18-20) e à proclamação, a todo ser vivente na terra, da realidade de Jesus Cristo.

Bill morreu em 19 de julho de 2003, vítima de fibrose pulmonar, a mesma doença que tirou a vida de minha filha Suzan em 13 de maio de 1995. Aquilo me fez lembrar que Bill, tal como Suzan, começaram a viver verdadeiramente a partir de agora. Muitos poderiam dizer que ele sacrificou muita coisa em nome de sua fé e para fazer seu ministério crescer, mas posso garantir que as recompensas celestiais são muito maiores do que podemos imaginar.

Incluí a história de Bill Bright neste livro porque a vida daquele homem foi um modelo de fidelidade e de princípios bíblicos. Sendo obediente à Palavra de Deus, Bill escreveu um pequeno livro intitulado *The Four Spiritual Laws* [As quatro leis espirituais]. Até hoje, aquele livreto já foi publicado em todos os principais idiomas do mundo e distribuído a mais de 2,5 bilhões de pessoas. O documentário longa-metragem que ele produziu sobre a vida de Cristo, chamado *Jesus, o filme*, foi assistido por mais de 6 bilhões de pessoas em 228 países, e dublado ou legendado para mais de novecentos idiomas diferentes. Sua obra *The Four Spiritual Laws* é o livreto religioso mais amplamente disseminado da história, e o filme *Jesus* é o mais visto e traduzido de todos os tempos. Creio que a obra do Dr. Bright continuará até que o Senhor retorne. Almas serão salvas e a eternidade ficará mais rica por causa da fidelidade daquele homem. Um sucesso de tal magnitude só é possível com a ajuda de Deus.

Bill simplesmente fez o que fora chamado para fazer, e continuou fiel ano após ano. A organização que ele fundou como um trabalho evangélico dirigido aos estudantes da Universidade da Califórnia em Los Angeles (UCLA), em 1951, hoje tem sede em Orlando, na Flórida. Sua equipe é composta por 26 mil funcionários em tempo integral e 225 mil voluntários treinados servindo a pessoas em 191 países. Originariamente, a Cruzada Estudantil e Profissional para Cristo não passava disso: um ministério universitário. Hoje em dia, a organização conduz vários programas de evangelização especializados, e leva o Evangelho às pessoas que vivem em cidades do interior, nas prisões, aos governos, às famílias, aos militares, a homens de negócios, a atletas, a artistas da música e muitas outras áreas.

Em 1996, 45 anos depois de iniciar aquele ministério, Bill Bright recebeu o maior prêmio em dinheiro concedido em todo o mundo anualmente, o Templeton Prize, de valor superior a 1 milhão de dólares. E como convinha à fidelidade e à devoção que sempre demonstrara pela causa de Deus, ele doou aquele dinheiro para treinar cristãos sobre os benefícios do jejum e da oração, e para cumprir a Grande Comissão.

Os prêmios e os títulos honoríficos que recebeu são numerosos demais para serem citados em espaço tão limitado, e tenho a convicção de que Bill nem mesmo se preocupava em registrá-los. O único número por que se interessava era o de pessoas que estavam ouvindo a mensagem de Cristo e tendo a oportunidade de conhecê-lo pessoalmente.

É uma honra e um privilégio escrever sobre um homem cuja vida foi tão bem vivida. A Deus seja a glória!

Mike Godwin

Escolhi o caminho da fidelidade; decidi seguir as tuas ordenanças.

(Salmo 119:30)

Mike Godwin nasceu em Valdosta, na Geórgia, onde vive e trabalha até o dia de hoje. Foi um daqueles meninos que ficavam boa parte do tempo sozinhos em casa, pois os pais trabalhavam duro para garantir uma vida melhor para ele. Felizmente, Mike freqüentou a igreja durante a infância, e embora seus professores de estudo bíblico tivessem exercido uma forte influência sobre sua vida, ele acabou se desviando dos ensinamentos que recebera.

Na época em que cursou a faculdade, Mike fez algumas coisas das quais hoje não se orgulha nem um pouco. Ele observou que, quando a pessoa não sabe o que está realmente procurando, às vezes precisa descobrir o que está perdendo para só então apreciar o que tem. Ele se envolveu com o álcool, por isso o pai o tirou da fraternidade em que ele vivia na faculdade e o colocou para trabalhar com um empresário especializado em tubulações e encanamentos. Queria ter certeza de que Mike passaria pela experiência de trabalhar duro, sob altíssimas temperaturas, para que pudesse reconhecer a necessidade de ter uma boa educação e se motivasse o suficiente para fazer o que fosse necessário para ter um diploma. O pai de Mike sempre teve dois ou três empregos simultâneos, num esforço para melhorar a vida da esposa e dos filhos. Mike herdou essa ética de trabalho, e acredita que o sucesso só é possível com muito esforço — o que talvez seja o motivo de o trabalho no calor nunca tê-lo perturbado.

Ainda estava trabalhando como encanador quando ocorreram mudanças na legislação da Geórgia, exigindo que os empresários daquele setor contratassem pessoas que tivessem uma licença para exercer a função. Mike queria fazer o teste para conseguir a licença, mas seu chefe achava que as pessoas que trabalhavam para ele há quinze ou vinte anos estavam melhor preparadas. Mike não se sentiu desencorajado. Ele disse ao chefe que acreditava ser capaz de passar no teste, e se fracassasse, pagaria do seu bolso. O chefe concordou na mesma hora, provavelmente na esperança de ensinar uma bela lição àquele "moleque metido". Mas adivinhe o que aconteceu! Quando os resultados do teste chegaram, o chefe de Mike o chamou e disse: "Filho, você não pode contar a ninguém que passou no teste, pois todos os outros que trabalham aqui fracassaram, e isso provocaria uma revolta!" No entanto, Mike acabou se tornando supervisor do trabalho dos homens mais experientes.

Com o tempo, ele abriu o próprio negócio, ao pegar uma subsidiária daquela empresa, separá-la e dividi-la em vários setores. A nova empresa cresceu bastante, com mais de 125 funcionários cobrindo de dez a quinze estados norte-americanos.

A habilidade que Mike possuía de atrair à empresa pessoas de boa índole e dotadas de uma sólida ética profissional exerceu enorme influência sobre o sucesso de seus empreendimentos. Embora não aplicasse de maneira explícita os princípios cristãos aos negócios naquela época, nem falasse sobre sua fé com os funcionários, ele reconhecia que Deus sempre estava ao seu lado.

Mike é uma pessoa que não tem medo de assumir riscos, mas também não é um jogador. Ele chegou à conclusão de que o negócio que estava conduzindo tinha se tornado enfadonho, por isso deveria começar outra coisa. A mãe pensou que ele havia enlouquecido, mas Mike credita o sucesso da iniciativa de fundar a Ambling Company — uma firma de desenvolvimento, construção e administração imobiliária — à sua sólida ética profissional, a muita determinação e à confiança e à fé que tem em Deus.

Até hoje, quando um dos funcionários diz que não está feliz trabalhando na empresa, Mike pede que a pessoa faça a si (e a ele, por extensão) um grande favor, procurando outro emprego. Ele acredita que emprego é aquela coisa para a qual você odeia ir, mas o trabalho é algo que faz parte de sua vida, algo que você gosta de fazer. Ele gosta de ver outras pessoas progredindo e prosperando também.

Mike é grato pelo fato de ter ajudado outros a começarem seus negócios, e crê que seis ou oito empresas nasceram dessa atitude, como fruto de seu sucesso. Ele diz: "Acho que ninguém perde nada quando ajuda outras pessoas a serem bem-sucedidas." Ele incentiva os funcionários a trabalharem com afinco e fazer o que for necessário para iniciar um negócio próprio.

Mike confessa que ele e a esposa, Jayne, tiveram muitos bens materiais quando ainda eram bem jovens. Eram capazes de fazer coisas que os pais não podiam por causa dos negócios de sucesso que dirigiam, e acreditavam numa filosofia do tipo "acompanhar o estilo de vida dos ricos". Infelizmente, acabaram se distanciando a ponto de quase viverem separados, como se ela tivesse uma vida independente da dele.

Embora Deus não estivesse no centro daquele casamento, estava pessoalmente perto de Mike e de Jayne. Mike sempre admirara a fé do amigo David Pipkin. Quando David convidou o amigo para fazer a caminhada de Emaús ao seu lado, ele não tinha idéia de que aquele casal estava passando por problemas conjugais, pois o conflito era mantido em segredo. Como Mike ainda lembra, ao partir para o caminho de Emaús, "nosso casamento estava à beira da destruição total. Eu não queria ir, mas fui, muito a contragosto. Era óbvio que Deus sabia o que ele estava fazendo". Mike prossegue: "O caminho de Emaús chegou na hora certa de minha vida, e eu estava no ponto exato para ser quebrantado. Sou um desses caras que não conseguem descer até a metade da ladeira para voltar a subir. Preciso descer até o fim, chegar lá embaixo, para então ter condições de olhar em volta e avaliar onde estou. Mas depois que isso acontece, volto a subir com toda a minha disposição, e não desço mais."

Deus transformou o coração de Mike de um modo revolucionário no caminho de Emaús, e entrou na vida dele para ficar. Isso aconteceu há muitos anos, mas Mike ainda fica emocionado quando fala sobre aquela caminhada: "Enquanto eu trilhava o caminho de Emaús, Deus estava trabalhando na vida de Jayne. Assim que voltei, ela imediatamente reconheceu a mudança que havia sido operada em meu coração. Ficou entusiasmada com a oportunidade que teria de fazer a mesma caminhada duas semanas depois, porque notara como minha atitude tinha mudado. Ela queria muito ir também."

Mike é grato porque, desde aquela época, ele e Jayne vivem um dos casamentos mais felizes que duas pessoas podem compartilhar, e trabalham duro para mantê-lo assim. Eles estabeleceram algumas "pausas para fazer o balanço" da união, e a cada três meses revisam todos os seus objetivos e as metas para terem a certeza de que estavam sendo os melhores pais possíveis para os filhos, bem como os melhores cônjuges um para o outro. Os dois também se esforçam para serem bons cristãos, dizendo: "Analisamos um ao outro e assumimos nossas responsabilidades." Ele se orgulha em dizer que Jayne é sua melhor amiga, sua amante, e que gostam de falar e fazer as mesmas coisas. "No entanto, mais que qualquer outra coisa, temos um denominador comum, que é Jesus Cristo no centro de nosso casamento, de nossa vida familiar e de nossos negócios. Ele está no centro de tudo, que é mesmo o lugar onde deve estar sempre." A fidelidade que Mike e Jayne demonstram pode ser reconhecida com facilidade na vida pessoal, familiar e profissional daquele casal.

Desde a época da caminhada que fizeram em Emaús, Mike e Jayne dedicaram muitas horas fazendo aconselhamento a outros casais. Ele afirma: "Quando a Ambling Company começou, Deus estava no centro de tudo em minha vida." Eles abrem as reuniões da diretoria com uma oração, e permitem que os escritórios da empresa sejam usados para a realização de diferentes estudos bíblicos para homens e mulheres, assim como para todos os tipos de eventos relacionados com o estudo da Palavra de Deus.

O casal Godwin faz doações a organizações de orientação cristã. Eles reconhecem a Deus na declaração de missão da empresa e no credo. Oram pela graça de Deus em todas as coisas que fazem. Mike nunca se refere à Ambling Company como "minha empresa". Em vez disso, prefere usar "nossa empresa", e essa é a atitude que ele procura gravar na mente dos funcionários.

O crescimento da Ambling Company continua a ser uma prova do que Deus pode fazer quando permitimos que ele seja o diretor-presidente de nossa empresa. Em 2006, a Ambling University Development Group (AUDG), divisão da Ambling Company, teve de enfrentar uma prova de fogo. O plano de negócios estava indo de mal a pior, e já havia discussões a respeito do futuro da empresa. Estava claro, para todas as pessoas envolvidas, que a empresa teria de fechar as portas caso eles não mudassem o jeito de fazer negócios.

Com Charles Perry, presidente da AUDG, fazendo o papel de pedra angular daquele esforço, a liderança caiu de joelhos e se humilhou diante de Deus. O Senhor reconheceu a fidelidade, a humildade e a obediência daquelas pessoas e derramou suas bênçãos de forma tão abundante que até hoje elas ainda balançam a cabeça em sinal de admiração e dizem: "Obrigado, meu Deus."

A fé cresceu entre aquele grupo em decorrência daquilo que acontecera, mas era apenas o começo. Eles falaram de sua fé aos funcionários da universidade, a arquitetos, engenheiros, empreiteiros, advogados e banqueiros. Só Deus sabe quantas vidas foram afetadas por aquela iniciativa. Aquilo tudo exerceu forte impacto sobre a vida de Mike Godwin e muitos outros da Ambling. Deus revelou-se de maneira bem clara a todos que estavam envolvidos ou simplesmente observando. Em termos de fé, aquela experiência fortaleceu a todas as pessoas.

Kevin King, um dos integrantes da equipe de liderança da Ambling, diz o seguinte a respeito da empresa: "Acredito que, à medida que continuemos a reconhecer que somos os instrumentos, e não os autores do sucesso da Ambling; que glorifiquemos a Deus, proclamando abertamente que ele é quem dirige nossas decisões; e que reconheçamos suas bênçãos, então seremos capazes de receber sua unção. Se tirarmos os olhos de Deus, essa unção pode desaparecer da mesma forma que veio, temos certeza."

O presidente da AUDG, Charles Perry, afirmou: "Deus concede respostas a nossas necessidades pessoais de tal maneira que não pode ser negada, ignorada ou explicada de nenhum outro modo. Quando nos humilhamos e colocamos abertamente a Deus em primeiro lugar na vida, como filhos obedientes, então o Senhor derrama suas bênçãos sobre nós de forma abundante." Com gente como Charles e Kevin integrando a liderança, Mike não tem como evitar que seus negócios sejam bem-sucedidos.

Desde que passou a colocar Deus no centro de todas as coisas, pessoas de várias partes do país se mudaram para Valdosta, na Geórgia, para trabalhar com ele. "De vez em quando, conversamos sobre um cargo específico que precisa ser preenchido e dizemos: 'Bem, nunca vamos encontrar uma pessoa com esse perfil em Valdosta.' E então, vejam só, surge do céu alguém que liga para dizer: 'Ei, minha esposa está sendo transferida para Valdosta...'" Sim, Deus opera mesmo de maneiras misteriosas!

Mike enfatiza que seleciona algumas das pessoas mais capazes no mercado baseando-se nos valores bíblicos dos candidatos. Ele afirma que todo negócio se fundamenta, antes de qualquer outra coisa, em sua missão e seus valores. Acredita que as pessoas não seguem aquelas nas quais não confiam, por isso é preciso ser íntegro e seguir os valores bíblicos quando se deseja liderar. Mike sente que seus negócios prosperaram, bem como sua família e a vida comunitária, porque ele e a esposa demonstram a fé na maneira como agem.

Mike ganhou mais dinheiro do que jamais sonhou que ganharia, mas também gosta de destacar: "Não sou uma pessoa orientada pelo dinheiro. Continuo retribuindo. Queremos ser uma empresa que nunca deixa de retribuir à igreja e à comunidade." Com cerca de 85% de envolvimento dos funcionários, a Ambling construiu uma casa para a organização Habitat for Humanity [Habitat para a Humanidade]. Ele disse que seria fácil preencher um cheque de 5 mil dólares para financiar a construção, mas o envolvimento de seu pessoal foi infinitamente mais importante, enfatizando mais uma vez que a fidelidade é ensinada por meio de ações e com apoio às causas justas.

Outro fator determinante desse sucesso é o fato de a esposa de Mike, Jayne, ser uma grande entusiasta do marido, apoiando seus esforços. A fé cristã dessa mulher é muito sólida. Ele diz que, sem o apoio da esposa, "não sei onde estaria hoje". Jayne sempre apresenta o marido e os negócios a Deus em oração.

Ainda hoje, Mike continua confiando nas doutrinas bíblicas fundamentais, e com isso seus negócios cresceram. Atualmente trabalha com cerca de 1,1 mil pessoas. Ele e Jayne continuam a ser muito gratos e compreendem que todas essas bênçãos procedem de Deus. Mike sabe que seu tempo nesta terra passará, por isso, se deseja deixar um legado duradouro, precisa fazer a coisa certa: falar de sua fé a outras pessoas.

Tom Harken

Falo da tua fidelidade e da tua salvação. Não escondo da grande assembléia a tua fidelidade e a tua verdade.

(Salmo 40:10)

Tom Harken é um dos homens mais notáveis que já conheci. A dimensão de seu sucesso é ainda mais impressionante quando comparada ao tamanho da adversidade que ele conseguiu superar.

O primeiro emprego sério de Tom foi na Força Aérea dos Estados Unidos. Quando o tempo de serviço chegou ao fim, começou a trabalhar para uma empresa chamada Kirby Vacuum Cleaner Company, especializada em aspiradores de pó, e se tornou o melhor vendedor do país. Foi então que decidiu vender veículos para lazer, como *trailers* e *motorhomes*, e assim se transformou no maior vendedor independente do setor. Tom realmente chegou ao auge de sua carreira quando abriu seu primeiro restaurante da rede Casa Olé, em 1979. Com o tempo, o negócio cresceu a ponto de empregar oitocentos funcionários em treze filiais da Casa Olé e da rede de restaurantes de comida mexicana Crazy Jose's, que ele vendeu em 2004.

As adversidades que Tom precisou superar na vida fizeram dele um fortíssimo candidato ao prêmio Horatio Alger, com o qual foi agraciado em 1992. Ele também tem sido homenageado com vários títulos honoríficos concedidos pelas mais diversas universidades. Tom afirmou que fica sempre muito feliz por recebê-los, e que, de certa forma, fica com medo de que tomem de volta essas honrarias quando descobrirem que ele mal consegue soletrar os nomes das que recebe.

Veja bem, Tom sofreu várias doenças quando era jovem, e com isso perdeu muitas aulas. Com o tempo, saiu da escola. Na maior parte de seus primeiros trinta anos de vida, foi analfabeto.

Tom tem ajudado na batalha contra o analfabetismo, dando palestras motivacionais em universidades, empresas de grande porte (listadas entre as quinhentas maiores da revista *Fortune*), igrejas e colégios. No entanto, diz: "Nunca, em toda a minha vida, passei por experiência semelhante à que vou contar." Prossegue dizendo que, certo dia, recebeu uma ligação em seu escritório. Do outro lado da linha, uma universidade de prestígio — na verdade, uma das mais antigas do país. Algumas das pessoas mais proeminentes do mundo foram educadas naquela instituição, que o estava convidando para ser o paraninfo daquele ano. Ele descobriria depois que estava para receber um doutorado honorário em Ciências Comerciais.

Segundo Tom, a universidade realmente estendeu o tapete vermelho para ele, e naquela noite jantou com o reitor, os decanos, os membros do corpo docente e os respectivos cônjuges. Conforme a noite prosseguia, um decano curvou-se para cumprimentá-lo e disse: "Sr. Harken, li muito a seu respeito e sobre seus discursos, e espero que o senhor não fale muito de religião ou de Deus. Gostamos de nos manter neutros." Tom disse que, enquanto tentava assimilar aquele comentário, o decano perguntou sobre o tema que ele pretendia abordar. Tom respondeu: "Normalmente, falo sobre como Deus ajudou a mim e à minha esposa, Miss Melba, a superar os enormes obstáculos impostos por minha dificuldade para aprender, especialmente o fato de que eu era um adulto que não sabia ler." O decano não disse mais nada, e Tom deixou a conversa seguir adiante, sem fazer comentários.

Mas Tom ficou mesmo muito surpreso, pois até aquele momento ninguém dissera a ele para falar ou deixar de falar sobre alguma coisa. Antes de dormir naquela noite, ele ligou para a esposa e contou o que havia acontecido. Ela perguntou o que ele pretendia fazer, e a resposta foi esta: "Ainda não sei muito bem." Então ela disse: "Deus mostrará a você o que deve dizer."

Havia centenas de estudantes, membros do corpo docente, visitantes e, é claro, os administradores. "Colocamos nossos barretes e vestimos as becas cerimoniais. Em seguida, marchamos juntos. Terminadas as preliminares, eles me ofereceram a graduação honorária e depois me apresentaram como o orador da ocasião."

Tom disse que, para sua completa surpresa, as primeiras palavras que saíram de sua boca foram estas: "Se já houve alguma universidade que precisou de Deus, trata-se desta aqui, e agora! Se vocês não conhecem a Deus, estão em apuros. Precisam encontrá-lo." Tom contou que a platéia se levantou e o aplaudiu muito. "Olhei para trás, para a esquerda e para a direita, e pude ver os professores se levantando aos poucos. Acho que eles se sentiram obrigados a se levantar por causa da platéia, e eu prossegui, dizendo àquelas pessoas que hoje precisamos de Deus em nossa vida mais do que nunca, e também precisaremos dele amanhã. O restante do discurso foi sobre como eles também precisavam de uma grande educação, e quão afortunados eram aqueles alunos por estarem ali naquela noite, pois Deus estivera presente o tempo inteiro."

Tom foi além, e disse, com um grande sorriso: "Depois do discurso, mais uma série de aplausos. É claro que eu me senti muito bem! Em seguida, começou a recepção. Eu não sabia o que deveria esperar, pois teria de me encontrar com a elite da universidade. Demorei a chegar porque havia prometido aos estudantes uma cópia de meu pequeno poema, *O minuto de Deus*, em troca de um abraço. Isso me tomou mais ou menos uma hora. Naquela recepção, para minha grande surpresa, não ouvi nenhuma declaração depreciativa. Os administradores, os decanos, os docentes e até os curadores, todos queriam um abraço e uma cópia de *O minuto de Deus*. Alguns até me abraçaram, dizendo: 'Precisávamos de um discurso como aquele hoje.'"

"Miss Melba tinha razão: Deus me mostrou o que eu deveria dizer. Saí daquela universidade com minha cabeça erguida e meu coração cheio de alegria, sabendo que Deus fala mais alto do que o dinheiro. Pelo que vi das cartas que recebi depois daquele dia, sei que inspirei algumas mudanças."

Tom prosseguiu, e disse que aquela universidade recebe dinheiro de muitas pessoas de destaque, algumas delas atéias, e isso contribuiu para transformá-la, antes historicamente estabelecida sobre um fundamento cristão, numa instituição de posicionamento neutro. "Eles construíram instalações muito bonitas, mas naquele dia eu fui direto ao centro da questão. É impressionante ver como, às vezes, Deus pode nos usar para alcançar aqueles que precisam ouvir a Palavra da Verdade. É claro que, se uma situação como essa voltar a ocorrer, onde quer que eu esteja, farei a mesma coisa, sem dúvida alguma."

Você precisaria mesmo conhecer Tom Harken para poder apreciar a magnitude daquilo que ele fez e a maneira como ele vive; como está sempre incentivando outras pessoas, falando abertamente sobre sua fé e sua família, e como é importante ser um cidadão.

Vou dizer mais uma vez, e quantas vezes for necessário: quando somos fiéis ao compromisso de honrar a Deus, ele também nos honra. Quando deixamos que nossa fé brilhe diante dos seres humanos, os resultados são cativantes, e outras pessoas se unem a essa poderosa multidão. Muitas gerações de pessoas serão beneficiadas. Não há como medir o que os estudantes e o corpo docente receberam como resultado direto do testemunho ousado e fiel de um homem que ama a seu Senhor e ao próximo, fazendo doações regulares àquela instituição.

Capítulo 8

Mansidão

Ao servo do Senhor não convém brigar mas, sim, ser amável para com todos, apto para ensinar, paciente. Deve corrigir com mansidão os que se lhe opõem, na esperança de que Deus lhes conceda o arrependimento, levando-os ao conhecimento da verdade, para que assim voltem à sobriedade e escapem da armadilha do Diabo, que os aprisionou para fazerem a sua vontade.

(2 TIMÓTEO 2:24-26)

AS PESSOAS TRANSFORMADAS SÃO HUMILDES DIANTE DE DEUS, E A singeleza de seu coração (que é o oposto da altivez, da impertinência, do orgulho e da arrogância) é um deleite para o Senhor. Jesus ensinou que a mansidão é uma virtude. Nenhum filósofo, ao longo das eras, ensinou que a mansidão ou a singeleza é uma força. Maior ainda é a alegria de Deus quando essa mansidão é encontrada em um de seus filhos. Nossa mansidão o honra. Ela demonstra nossa disposição de nos submetermos a ele sem reclamações ou rebeldia.

Dois empreendedores do mundo dos negócios possuem históricos que revelam o fruto da mansidão: Albert Black, fundador da On-Target Supplies & Logistics, e Bob Lightner, fundador do Retiro Selvagem de Potter's Ranch. Se você é uma das muitas pessoas que confundem mansidão com fraqueza, não ficará mais confusa depois de ler essas duas histórias. Esses dois homens são fortes porque são mansos!

Albert Black

> Quem é sábio e tem entendimento entre vocês? Que o demonstre por seu bom procedimento, mediante obras praticadas com a humildade que provém da sabedoria.
>
> (TIAGO 3:13)

Albert Black é um homem notável, cuja presença física é tão forte que atrai todas as atenções, impõe respeito e inspira confiança e segurança nos ouvintes. Isso acontece com qualquer tipo de público a quem ele se dirija — algum membro de sua equipe de trabalho, grupos cívicos ou mesmo em conversas pessoais com ele. Pouca gente pode imaginar que aquele homem de presença física tão imponente é admirado muito mais pela mansidão de espírito e pela gentileza que demonstra.

Albert tem grande habilidade em fazer amigos e influenciar as pessoas, e consegue isso na medida em que mostra a elas que há sempre um jeito melhor de fazer as coisas. Ele demonstra, de maneira muito clara, que as pessoas não fazem negócios: elas constroem relacionamentos, e esses relacionamentos é que geram negócios. Tive o privilégio de fazer uma visita às instalações de sua empresa. O local, onde já funcionou um ponto de venda de *crack*, hoje foi convertido num grande armazém com espaços para as pessoas que estão ansiosas por novas oportunidades e para aprender mais sobre liderança.

A vida profissional de Albert Black começou muito cedo. Ele deu início a seu primeiro empreendimento quando tinha apenas oito anos de idade: alugou um cortador de grama, foi de casa em casa, batendo nas portas e se oferecendo para cuidar dos jardins da vizinhança.

Ele explicou que o pai trabalhava em um hotel e adorava ajudar as pessoas. Como porteiro, acabou conhecendo alguns líderes empresariais na cidade de Dallas. Mais tarde, ele inspirou Albert para se tornar também um líder empresarial.

A trilha que Albert Black seguiu não foi fácil. Depois de completar a faculdade e entrar no mundo dos negócios, seu fluxo de caixa ficou bastante reduzido, bem abaixo do necessário para sobreviver. Albert e a esposa, Gwyneith, tiveram de trabalhar em outros lugares para sustentar os negócios. Albert conseguiu um segundo emprego para trabalhar à noite, mas tinha objetivos bem maiores para sua vida. Queria ganhar dinheiro, mas também desejava ser um estudante durante o processo, desenvolvendo capacidades e competências gerenciais, de modo que as pudesse utilizar na gestão da empresa e fazê-la funcionar.

Albert fundou a On-Target Industrial Maintenance & Supply, em 1982, e mais tarde mudou o nome da empresa para On-Target Supplies & Logistics. A companhia, especializada em logística e suprimentos, emprega hoje aproximadamente 180 pessoas, e gera cerca de 40 milhões de dólares em vendas. Ele conquistou os primeiros clientes fazendo abordagem direta — andava pelas ruas, procurando consumidores onde quer que eles estivessem. Sua motivação, porém, era o fator que, acredito, fez toda a diferença: Albert entrou no mundo dos negócios para criar oportunidades de emprego para as pessoas. Ele crê que isso faz parte da obra de Deus, e é nisso que desejava se envolver. Albert queria aprimorar a infra-estrutura das cidades do interior, empregar pessoas e divulgar entre elas que estava fazendo negócios naquelas regiões.

Para fazer seus negócios prosperarem, Albert coloca a mão na massa e se envolve diretamente. Ouve, planeja e apresenta propostas para colocar em ação, rever ou se ajustar àquilo que os clientes corporativos precisam no momento. Percebeu que muitas empresas se orgulham do fato de poder levar um produto de seu estoque até a casa do consumidor. Com sua capacidade inovadora, experiência em termos de tecnologia e o coração voltado para os negócios, junto com a maravilhosa sensibilidade que possui, Albert foi capaz de criar um serviço do tipo "de mesa a mesa" pelo mesmo preço, economizando tempo e dinheiro, além de oferecer um diferencial a seus clientes.

Quando tive o privilégio de visitar as instalações daquela empresa, já estava preparado para me impressionar, pois havia conversado com sua assistente de confiança, Georgie Cornelius. O tratamento agradável e eficiente que ela me concedeu foi extraordinário.

Albert possui a habilidade de avaliar as pessoas e discernir se podem ou não fazer parte de sua equipe. Mas isso é apenas parte de sua eficiência. Em resposta a um anúncio de emprego publicado por sua empresa, um jovem muito obeso estava esperando na recepção. Quando o Sr. Black reparou que ele estava ali, convidou-o para trabalhar em seu escritório. O jovem perguntou por que fora escolhido, e Albert Black respondeu que sabia que, por causa do excesso de peso, o rapaz nunca seria contratado em nenhum outro lugar. Albert queria que o jovem trabalhasse em sua empresa porque sabia que o rapaz tinha valor e acreditava que seria muito útil. A honestidade de Albert Black, combinada com sua gentileza, resolveu a questão da melhor maneira. A gratidão daquele jovem era evidente. Durante o período no qual trabalhou para o Sr. Black, ele perdeu boa parte do peso excessivo e avançou muito no processo de se tornar uma pessoa mais equilibrada e um funcionário bem-sucedido.

Albert também tem sido muito ativo em sua comunidade, trabalhando em várias funções dentro da Câmara de Comércio da Grande Dallas, na Câmara Afro-Americana de Comércio de Dallas e muitas outras organizações. Ele acredita que demonstrar liderança é um bom negócio e sinal de civilidade, por isso trabalhou com organizações filantrópicas na cidade e arredores na condição de voluntário, o que revela muito a respeito de seu coração. Mas o Sr. Black também sabia que isso daria a ele e à empresa o tipo de exposição que lhes permitiria construir uma boa reputação em Dallas.

Albert costuma dizer o seguinte: "Como líder empresarial, acho que o que devemos fazer é aprender a ouvir e assimilar, ensinar e pregar, orientar e aconselhar. Quando fazemos essas coisas, nos tornamos líderes eficazes, e se não nos preparamos para esse tipo de liderança, a organização crescerá mais do que nós, e correremos o risco de perder nosso cargo."

Ele acredita muito na força da educação, não apenas para ele, mas para todos que o acompanham. Depois de terminar a faculdade, que cursou como bolsista atleta, Albert fez MBA na Universidade Metodista do Sul dos Estados Unidos, em 1995. Ele acredita que toda empresa tem obrigação de treinar e educar seu pessoal, de modo que os funcionários possam crescer na carreira profissional e se tornarem gente de valor cada vez maior para a organização. Uma das coisas que costuma fazer, bastante incomum, é incentivar as pessoas que trabalham com ele a cursar uma faculdade durante o dia e trabalhar apenas em meio expediente. Assim, elas poderão estar em casa com os familiares à noite. Ele diz que nunca perdeu nada em apostar nas pessoas. Já financiou o ingresso de muitos funcionários na faculdade. Ele nem mesmo exige que eles tenham um diploma do Ensino Médio para começar o processo educacional.

Se fosse possível a você entrar na On-Target (a empresa de Albert) e testemunhar o entusiasmo ali dentro, a cortesia e o respeito dedicados a cada pessoa e os relacionamentos que ele estabeleceu com todas elas, isso certamente lhe inspiraria. Ele se envolve na vida pessoal dos funcionários, incentiva-os a ingressar no plano de aposentadoria da On-Target e deseja que todos façam um "plano de aposentadoria", explicando que a lei permite à maioria das pessoas economizar até 20%, e a empresa entra com mais 25%. "É vantajoso demais para que as pessoas desprezem", diz Albert.

Ele também encoraja seus funcionários a usar o dinheiro que ganham com sabedoria. Como acredita que todos devem fazer um planejamento estratégico financeiro, Albert sorri e diz: "Insistimos muito com as pessoas para que se envolvam." Tal insistência resultou na participação de 95% dos funcionários, que se inscreveram no plano de aposentadoria da empresa.

Albert Black não faz apenas essas coisas. Talvez a abordagem empresarial mais incomum que ele propõe seja a que acontece toda sexta-feira pela manhã, na reunião de seu *staff*. "Todos os funcionários têm a oportunidade de ensinar, orar, orientar, aconselhar, ouvir e aprender uns com os outros. Aproveitamos esse espaço para compartilhar informações administrativas da empresa e falar da situação financeira. Isso vai além de apenas abrir os livros fiscais. O que fazemos de fato é apresentar esses dados financeiros e receber retorno dos funcionários. E tudo isso acontece enquanto tomamos o café da manhã."

Albert segue os princípios bíblicos, e fala abertamente sobre sua fé. Ele deseja fazer aquilo que é certo por seus funcionários. Sabe que, quando os funcionários têm acesso à educação, eles não apenas estão assegurando para si um futuro melhor, como também se tornarão exemplos de sucesso em sua comunidade, o que capacitará suas famílias a serem igualmente bem-sucedidas. Em outras palavras: a empresa está repleta de modelos de sucesso.

O Sr. Black promete três coisas às pessoas que trabalham com ele. Primeiro, um *ganho didático*. Quem trabalha com Albert Black aprende a conduzir um negócio. A On-Target dispõe de um sistema de contabilidade aberto, por isso os funcionários que decidem começar seu próprio negócio aprenderão como fazê-lo. Eles ficam conhecendo cada despesa necessária para fazer o negócio funcionar, como gerir cada fonte de receita, o que fazer para calcular o custo das vendas e como administrar os negócios num prazo de dois anos. Este é o ganho didático.

A On-Target também oferece aos funcionários um *ganho psicológico*. "Queremos que eles se sintam bem a respeito do que estão fazendo na On-Target Supplies & Logistics. Isso acontece quando existe um *esprit de corps*, ou seja, um espírito de equipe — aquele tipo de atitude de quem diz: 'Juntos podemos subir montanhas e vencer batalhas.' É isso que oferecemos às pessoas."

A última promessa, que alguns consideram a mais importante (mas, na opinião de Albert Black, a menos importante) é a de *ganho financeiro*. De modo geral, a On-Target paga salários acima do mercado. A remuneração média de seus funcionários é de 29,8 mil dólares. Naquela região, trata-se de uma quantia considerável. Ele diz: "Não queremos que ninguém ache que trabalhar na On-Target Supplies & Logistics significa ter de desistir da oportunidade de ganhar o melhor salário possível." Albert compreende com extrema clareza o propósito de estar no mundo dos negócios: criar empregos. Ele sabe que isso faz parte da obra de Deus. Albert Black cercou-se de um grupo de conselheiros muito sábios, e sabe que, na condição de prestador de serviços, as pessoas são seu único recurso de fato. Ele acredita e ensina que dar um bom exemplo é a melhor maneira de ensinar. E costuma dizer: "As pessoas preferem ver um bom exemplo do que ouvir um sermão." Os negócios de Albert Black constituem um sucesso porque ele é bem-sucedido nos relacionamentos. Ele é um modelo de sucesso nas relações pessoais porque se dedica a elas de coração.

Os funcionários da On-Target entendem que, por causa de toda essa compaixão que demonstra, Albert Black não apenas dirige um negócio como também ensina outras pessoas como fazê-lo. Como costuma lembrar às pessoas, "trabalhar dá certo". Por exemplo, se uma pessoa chega atrasada no trabalho uma vez, ele explica por que aquele comportamento não é aceitável. Diz que, como se trata de uma empresa de prestação de serviços, se alguém chega atrasado, isso retarda toda a operação, pois os outros precisam correr mais com o trabalho e cobrir aquela ausência. Se o funcionário chega tarde pela segunda vez, o atraso é registrado em relatório. O terceiro atraso é punido com suspensão de dois dias de salário. Na quarta vez que o problema acontece, Albert libera o funcionário para buscar emprego em outro lugar. Ele explica que o fato de uma empresa tratar muito bem os funcionários não quer dizer que eles tenham direito de abusar.

Ele faz questão de treinar os funcionários para olhar para o futuro e persegui-lo. "Precisamos assegurar que eles estejam preparados para o futuro. Para isso, é necessário que economizemos e façamos investimentos adequados para garantir a situação financeira no futuro." E se você quer saber... sim, ele ainda leva em conta as coisas que aprendeu com os pais. Ele considerava a mãe uma líder, e ela não esperava nada que não fosse o melhor. "Era uma pessoa elitista à sua maneira, e achava que não deveria esperar outra coisa dos filhos senão o melhor que eles pudessem fazer. Essa é a mesma filosofia que rege nossa maneira de dirigir a On-Target Supplies & Logistics."

Albert Black é o tipo de pessoa persistente até nos detalhes. Ele afirma: "Precisamos falar corretamente, andar corretamente, ter boa postura, ser asseados, tirar as melhores notas no colégio. Devemos olhar para nós mesmos como campeões de qualquer causa em que estejamos envolvidos. Nós vivíamos no gueto, mas minha mãe nunca permitiu que pensássemos daquela forma. Ela costumava dizer: 'Você pode morar no gueto, mas não faz parte disso, e não vou apoiar que aja como se fizesse.'"

Albert explica: "Seja qual for o caráter que eu revele, ele foi formado por minha avó: tratar as pessoas com paixão cristã; cuidar sempre do próximo, como ela costumava dizer; cumprir a palavra; cuidar dos outros antes mesmo de cuidar de si; falar a verdade; amar e desejar ser amado; colocar Deus em primeiro lugar, a família em segundo e todas as demais coisas depois dessas duas."

Albert acredita que os proprietários de pequenos negócios precisam ensinar e pregar, orientar e aconselhar, e acreditar realmente que as pessoas são boas, que todas têm algum potencial, que elas desejam aprender e se desenvolver, assim como eles. "É preciso aprender a promover o progresso das pessoas que nos acompanham na jornada. São elas que farão o negócio prosperar."

Que grande verdade! E que lição maravilhosa contida nessa trajetória, que todos nós podemos ganhar muito se resolvermos seguir o mesmo exemplo.

Bob Lightner

Você, porém, homem de Deus, fuja de tudo isso e busque a justiça, a piedade, a fé, o amor, a perseverança e a mansidão.

(1 TIMÓTEO 6:11)

Robert J. (Bob) Lightner nasceu em 1946, bem antes que a palavra *disfuncional* passasse a ser aplicada a casos de família como a dele. Depois do divórcio dos pais, Bob começou a achar que deveria lutar por conta própria pela sobrevivência. Ele e os quatro irmãos cresceram nas ruas, e viviam se gabando de serem capazes de acabar com a maioria das brigas, independentemente de quem as tivesse começado. Felizmente, esse começo complicado e tumultuado da vida de Bob não o impediu de se tornar o homem de caráter manso que Deus desejava que ele fosse.

Hoje em dia, Bob Lightner prefere definir sua vida não em função de suas realizações, mas pelas situações e escolhas que mudaram sua trajetória. Seu primeiro momento de definição aconteceu em 30 de abril de 1965, quando se casou com Jeanette Berry. Bonita e delicada, ela tomou conta do coração de Bob desde o primeiro momento em que ele a viu. Jeanette era o amor da vida dele. No início do casamento, eles tinham pouco dinheiro. Bob trabalhou em vários empregos: auxiliar de estoque, cozinheiro de lanchonete, balconista, jardineiro de um campo de golfe, motorista de caminhão e operário de fábrica, só para citar alguns.

Assim, como um homem como Bob Lightner foi capaz de seguir adiante e fundar uma agência de turismo, um banco, uma seguradora e construir o maravilhoso Retiro Selvagem de Potter's Ranch?

Um desses momentos decisivos de Bob aconteceu quando ele se tornou pai. Bob e Jeanette tiveram três filhos: Brian, Tom e Wesley. Depois da chegada de Brian, a magnitude da responsabilidade de ser pai levantou muitos questionamentos e criou uma sensação de inquietação na vida de Bob. O nascimento de Tom acentuou essa sensação, e em 26 de janeiro de 1973, depois de muita oração dos amigos e da esposa, Bob recebeu a Cristo em seu coração ao ouvir três leigos darem seu testemunho de como Jesus havia transformado suas vidas.

Quando Bob Lightner entregou a vida a Cristo, começou a buscar a vontade de Deus em todas as coisas que fazia. Oração e estudo da Bíblia se tornaram parte vital da rotina diária daquele homem. Por ter colocado Cristo como o centro da própria vida, Bob também o colocou no centro de seu casamento. Ele falava abertamente com a esposa e os filhos sobre a Bíblia, a igreja, o trabalho e assuntos familiares, e saía do trabalho mais cedo às sextas-feiras só para passar um tempinho a mais com Jeanette, um compromisso que ambos consideravam uma espécie de "encontro especial".

A família Lightner constitui um exemplo clássico de casal que segue os princípios bíblicos, vive feliz em família e goza de segurança financeira, ao mesmo tempo em que contribui muito com sua comunidade. Eles usaram os princípios bíblicos na criação dos filhos e na condução dos negócios. Ensinaram aos filhos os conceitos cristãos de amar o próximo, trabalhar para Deus, usar os dons que receberam para a glória do Senhor e oferecer mais do que alguém pudesse pedir ou esperar. Acreditam que é importante fazer o melhor possível, e que não devem abrir mão dos valores em que acreditam nem comprometê-los por causa de ninguém. Separaram tempo para estar com a família quando os filhos ainda eram pequenos, e embora os rapazes já tenham crescido há muito tempo, ainda se reúnem com o restante da família duas vezes por semana.

A partir desse foco mais bem definido, baseado em Cristo, Bob foi capaz de colocar de lado o desejo que tinha de fazer as coisas por meio de esforços físicos ou mentais, e passou a assumir uma postura de mansidão em relação aos problemas que enfrentava. Percebeu que Deus o estava conduzindo a coisas ainda maiores quando um acidente de trabalho o convenceu de que, por intermédio de Deus, ele poderia fazer qualquer coisa, bastando apenas crer e seguir a vontade do Senhor para sua vida (Filipenses 4:13).

Foi um grande salto de fé que levou Bob a trabalhar no ramo das seguradoras quando tinha 29 anos de idade. Tendo passado por uma educação formal limitada, recebeu conselhos de amigos, alertando sobre os riscos daquela decisão, mas Bob sentia a convicção de que estava fazendo aquilo que Deus desejava que ele fizesse. Quando isso ficou claro, cada passo dado por Bob no novo ramo de negócios permitiu a ele uma oportunidade de falar de sua fé com os clientes, e desde então é assim que tem feito.

Mais tarde, quando treinou seus representantes para trabalhar no setor, teve a chance de compartilhar a fé com eles também. E como proprietário da agência de seguros, colocou em prática princípios profissionais, declarações de missão e procedimentos diários que glorificavam a Deus. Com isso, os agentes da empresa de Bob também estavam aptos a buscar a vontade do Senhor.

Hoje em dia, Bob sabe o que verdadeiramente define o sucesso. Ele é grato por ser o líder espiritual de um lar em que cada membro da família conhece o amor de Deus, o Criador. Hoje Bob já é um sexagenário em sua jornada, mas percebeu que, a cada dia que passa, Deus tem estado no controle. "A carona que ele me dá é maravilhosa!", afirma. Ele tem tempo disponível suficiente para pensar em todas as coisas com as quais Deus o abençoou, inclusive a igreja, a família e a participação ativa no Potter's Ranch, o centro de retiro selvagem que Deus lhe permitiu construir. Bob pergunta: "O que vou fazer depois disso? Só Deus sabe. Acordo todas as manhãs cheio de entusiasmo, cantando louvores a Deus enquanto espero que ele me oriente na direção da próxima aventura. Com uma mulher maravilhosa, três filhos fantásticos, três lindas noras e dez netos encantadores, louvo a Deus por suas ricas bênçãos, apenas aguardando pelo momento em que ele me dirá: 'Muito bem, servo bom e fiel! Venha e participe da alegria do seu senhor!'"

Conheço Bob e sua família há muitos anos, e já o vi enfrentar os mais diversos tipos de situação. Seu espírito otimista, amoroso e manso está sempre em evidência. Ele nunca hesita em dar a Deus o crédito por todas as bênçãos que recebeu ao longo da vida. Está sempre aguardando cada amanhecer, pronto para ir quando o Senhor decidir que seu caminho nesta terra chegou ao fim. Ele sabe que passará a eternidade com seu Senhor e Salvador.

Podemos dizer, com certeza, que Robert J. Lightner testemunhará — e ele já o faz com freqüência — que o caminho de Deus não é apenas o melhor, mas o *único* que permite colher benefícios maravilhosos aqui na terra, concedidos com a paz de espírito e a segurança a respeito do que nos espera na eternidade.

Bob Lightner influenciou a vida de muitas pessoas porque ele ouve o que Deus tem a dizer, presta atenção aos conselhos que recebe, busca respostas nas Escrituras e coloca todas as coisas diante do Senhor em oração. Ele incentiva as pessoas com quem trabalha e gosta de agir sempre dessa maneira com ela.

A seguir, você verá quais são os versículos bíblicos favoritos de Bob e como ele os aplica na vida.

Se algum de vocês tem falta de sabedoria, peça-a a Deus, que a todos dá livremente, de boa vontade; e lhe será concedida. (Tiago 1:5) Bob diz: "Usei este versículo em tudo relacionado à minha vida cristã. Busco a sabedoria, e ensino às outras pessoas que devem diminuir seu ritmo e fazer a mesma coisa, pedindo em oração, colocando essa questão diante de Deus por um ou mais dias. O Senhor sabe que, não importa a dimensão daquilo que eu esteja fazendo, peço a ele que me ajude, revele sua vontade, dirija meus passos ou me impeça de prosseguir. Seja qual for a vontade dele, sei que é o melhor para minha vida. Preciso de sabedoria para entender."

O ladrão vem apenas para roubar, matar e destruir; eu vim para que tenham vida, e a tenham plenamente. (João 10:10) Sobre esse verso, Bob diz: "Falo muito para as pessoas sobre essa passagem das Escrituras quando estou ministrando a alguém, oferecendo uma palavra de incentivo ou ajuda direta, desde que elas demonstrem que estão com o coração aberto para isso. A vida plena consiste em Cristo vivendo dentro de nós, e todas as demais coisas são um bônus que ele nos concede na vida."

A boa reputação vale mais que grandes riquezas; desfrutar de boa estima vale mais que prata e ouro. (Provérbios 22:1) Ele conta: "Em todos esses anos, já falei com todas as pessoas em meu ramo de negócios, e em muitas empresas nas quais trabalhei, que o nome que recebemos é dado de uma vez por todas na vida... *ele nos identifica*! De que valeria — ou o que compensaria — destruir aquilo que você é? Deus fez de você uma pessoa especial, por isso construa uma reputação que faça diferença em seu ambiente de trabalho ou no lugar onde vive. Faça isso todo dia! Vale muito mais do que qualquer riqueza que se consiga adquirir."

Sim, a juventude de Bob Lightner foi cheia de brigas de rua, mas o amor transformador de Cristo o tornou um homem que, com oração e mansidão, conduz pessoas ao conhecimento de Jesus Cristo e a buscar a sabedoria divina.

Capítulo 9

Autocontrole

> Fui crucificado com Cristo. Assim, já não sou eu quem vive, mas Cristo vive em mim. A vida que agora vivo no corpo, vivo-a pela fé no filho de Deus, que me amou e se entregou por mim.
>
> (Gálatas 2:20)

Cristãos verdadeiramente transformados procuram colocar em prática o autocontrole e serem obedientes à Palavra de Deus por causa do amor que sentem pelo Senhor. Elas oram para que lhes seja concedida a capacidade de se controlar e serem fiéis às Escrituras, que as exorta a levar até mesmo os pensamentos cativos. Por intermédio do Espírito Santo, recebemos o fruto do autocontrole, e as coisas que não podemos fazer por nosso próprio esforço, ele faz por nós.

No início da vida do empresário e evangelista Dave Curry, do empresário aposentado e senador Bill Costas e do neurocirurgião Ben Carson, o autocontrole era algo difícil de se alcançar. Porém, graças ao amor do Senhor, isso não apenas se tornou possível, como também passou a ser uma parte importante da vida dessas pessoas.

Dave Curry

> Vocês não sabem que de todos os que correm no estádio, apenas um ganha o prêmio? Corram de tal modo que alcancem o prêmio. Todos os que competem nos jogos se submetem a um treinamento rigoroso [...].
>
> (1 Coríntios 9:24,25)

Dave Curry compartilha seu testemunho com milhares de pessoas todo ano. Trata-se de alguém que ninguém imaginava que se tornaria um evangelista porque, quando ainda era uma criança, a mãe dizia que Deus o puniria se fizesse alguma coisa errada, e que o filho nunca seria nada na vida, pois estava predestinado a ser exatamente como o pai — um alcoólatra.

Por causa da infância difícil que teve de enfrentar e da péssima imagem que fazia de si, a mãe de Dave olhava para ele e via tudo quanto o pai alcoólico representava. Ao olhar para a irmã de Dave, ela via tudo quanto desejara ser. Ela não escondia seu favoritismo pela filha.

Os pais de Dave brigaram muito durante a infância do filho, e ele tinha tanto medo da violência doméstica que costumava fugir de casa. Um tio, que era jogador profissional, o ensinou a jogar cartas e apostar, de modo que ele começou a ganhar dinheiro. Aos quinze anos, Dave era um jogador compulsivo.

Dois dias antes de ele completar dezessete anos de idade, a tragédia se abateu sobre a família. A irmã de Dave, uma cristã adorada pela mãe, desenvolveu um tumor no cérebro, e depois de sete cirurgias, morreu aos 21 anos. Duas semanas mais tarde, depois de uma discussão acalorada, a mãe perguntou: "Por que aquilo não aconteceu com você? Ela era a razão da minha existência, e você nunca será nada na vida." Ela o avisou que Deus haveria de puni-lo por causa do estilo de vida que Dave estava levando. A reação do rapaz foi fugir de Deus por nove anos depois da morte da irmã, em busca de paz.

É fácil compreender por que a imagem que Dave fazia de si era tão baixa. Até mesmo os professores do colégio em que estudava diziam que ele não tinha futuro, e os registros escolares indicavam que eles provavelmente estavam certos. Ele se formou, mas ficou bem abaixo da média da turma. Casou-se na semana seguinte à formatura no Ensino Médio, mas continuou jogando. Antes da morte da irmã, Dave prometera que, um dia, entregaria a vida a Cristo, o que fez em 1969. Foi então que teve o primeiro vislumbre de esperança. Ele diz que o Senhor acabou com o vício do jogo imediatamente. Desde então, nunca mais jogou.

Em 1970, Dave deu início a um negócio no ramo de aparelhos de ar-condicionado. Tinha cinco funcionários. Em 1979, a empresa já havia se expandido, com representação em seis outras localidades. Mesmo assim, por causa de má administração e algumas decisões equivocadas, ele perdeu milhões de dólares em recursos num espaço de três meses, e foi obrigado a pedir falência. A Receita Federal norte-americana cobrou milhares de dólares em impostos atrasados. Ele abriu dois restaurantes em Dallas, em 1984, e voltou a quebrar no ano seguinte. Dave acredita que o fracasso é algo eventual, mas àquela altura da vida, parecia ter se tornado um hábito.

Depois do fracasso com os restaurantes, Dave passou a trabalhar para nossa empresa, a Zig Ziglar Corporation. Hoje em dia, ele conta às platéias que os anos em que trabalhou na Ziglar foram os melhores de sua vida, pois finalmente aprendeu a gostar de si. Em 1992, mudou-se para Boulder, no Colorado, para trabalhar para uma grande empresa. Dois meses depois de chegar para ocupar seu cargo, Dave e todos os outros executivos foram despedidos quando um banco assumiu a administração da empresa. Parecia que seus fracassos nos negócios não tinham fim, mas a boa notícia é a de que muitos homens e mulheres de negócios que fazem parte de suas platéias se identificam bastante com aquelas situações pelas quais ele passou. Dave conta que pensou em voltar para Dallas, mas Deus deixou bem claro que ele estava ali para ficar. Pela primeira vez em dezoito anos, Dave diz que resolveu ouvir o que Deus estava mandando fazer e ficou em Boulder.

Em 1993, Dave adquiriu uma franquia da Crestcom Training, empresa especializada em treinamento administrativo, e diz que o Senhor abençoou aquele negócio. Ele glorifica o Senhor por ter transformado todos aqueles fracassos em sucessos extraordinários. Fala dos versículos bíblicos aos quais se apegou, explicando como viveu a realidade de Romanos 8:28 tanto nos negócios quanto na vida familiar. Explica que Filipenses 4:13 o lembrava de que, sem o fortalecimento de Cristo, nada poderia fazer. Provérbios 3:5,6 tem orientado seu jeito de fazer negócios, e 1 João 5:13 lhe dá a certeza de vida eterna. Dave viaja pelos Estados Unidos, por conta própria, para dar seu testemunho, e ao longo dos anos, centenas de pessoas conheceram a Cristo por causa do compromisso de Dave com Jesus.

Ele conta que sua linda esposa sempre foi sua maior torcedora. Revela às platéias que, como cristão num ambiente legalista, tornou-se tão tacanho quanto Archie Bunker.[1] Como resultado dessa postura, havia três coisas que ele, como pai de três filhos, dizia não tolerar: uma era o divórcio, pois seus pais haviam se separado depois de 38 anos de casamento, e aquilo provocara uma devastação na família. A segunda eram as drogas, já que ele não precisava de gente viciada. A terceira era que seus filhos namorassem pessoas de outras raças, porque era isso que lhe haviam ensinado.

Ele conta que a filha mais velha casou-se com um homem bem mais velho que ela quando ainda estava estudando Direito, e dois anos depois, os dois passaram por um difícil processo de divórcio. O filho tornou-se viciado em drogas aos vinte e poucos anos de idade. Dave fala sobre o sofrimento pelo qual a família teve de passar por causa daquela situação, mas também relata como Deus libertou o rapaz do vício.

Ele fala sobre como a filha mais nova ficou grávida de um rapaz negro, o que o enfureceu. Dave se lembrava de ter lido a respeito de situações similares no livro *Ashes to Glory* [Das cinzas à glória], de Bill McCartney, por isso ligou para o autor, que, na época, era o principal treinador do time da Universidade de Colorado em

Boulder. Dave encontrou-se com Bill uma vez por semana durante meses. Durante aquele período, eles analisaram aquele processo.

Foi então que, em dado momento, Dave se encontrou diante de uma epifania. Olhando para a própria imagem no espelho, ele viu que a mãe tinha razão. Mas Deus o lembrou do texto de Apocalipse 3:17, e o gravou no coração de Dave. "Todos nascem miseráveis, dignos de pena, pobres, cegos e nus. Dave Curry, quando você veio a mim, eu o aceitei do jeito que você era — incondicionalmente, sem restrições. Quando aquela criança nascer, será pobre, cega e estará nua. Não é culpa dela, e você precisa aceitá-la de maneira incondicional, sem restrições."

Dave ainda se lembra bem daquele momento. Uma paz o invadiu como ele jamais havia voltado a sentir desde o momento de sua salvação. Hoje ele diz, com orgulho: "A melhor coisa que já aconteceu em minha vida, além da mulher com quem me casei e minha salvação, é meu neto Braxton." Ele diz que o menino o ensinou a amar da mesma forma que Jesus amou, ou seja, incondicionalmente e sem restrições. Ele também conta que a filha casou-se com um cristão extraordinário, que a ama e adotou Braxton.

Se Deus pode pegar um homem como Dave Curry, com todas as suas dificuldades e seus problemas, e usá-lo como um guerreiro do Reino, ele também é capaz de usar você. Boa parte do treinamento que Dave recebeu quando ainda era jovem não estava de acordo com os princípios bíblicos, mas ele estava disposto a mudar e progredir segundo as orientações de Deus, e o Senhor o abençoou de maneiras que ele jamais poderia imaginar.

Dave deixa bem claro que seu autocontrole vem do Senhor quando afirma que Deus o livrou do vício do jogo. O Senhor mostrou a ele como aquelas coisas sobre as quais Dave exibia tanta arrogância poderiam acontecer em sua família. Deus concedeu a ele o amor incondicional do qual precisava para dedicar ao neto Braxton.

Algumas pessoas aprendem lições indiretas de Deus. Outras aprendem diretamente com ele. Se eu não conhecesse muito bem a situação, diria que o Senhor incutiu ensinamentos dentro do coração de Dave Curry! Felizmente, ele foi capaz de resistir a tantas provações, e hoje é uma pessoa melhor por causa do que passou. A história de Dave me ajuda a lembrar que, se tivermos sempre o objetivo de nos tornarmos mais parecidos com Jesus, a alegria, o amor e o carinho das pessoas serão abundantes.

Bill Costas

[...] levamos cativo todo pensamento, para torná-lo obediente a Cristo.
(2 Coríntios 10:5)

É verdade: Bill Costas "já passou por tudo isso". Assim como todos nós, ele passou por muitos reveses e desvios durante a jornada da vida, mas pela graça de Deus e por meio da disciplina do autocontrole, ele hoje se esforça por exercer um impacto positivo sobre as pessoas que o cercam.

Filho de imigrantes gregos, Bill Costas fez muitas coisas na vida, desde dirigir um supermercado até ocupar o cargo de senador no Estado de Indiana por dois mandatos de quatro anos cada. Ele aprendeu as lições que o trabalho duro ensina e sobre a importância de ser um servidor. Como você verá, muitas de suas experiências de aprendizado foram particularmente dolorosas, e a maior parte delas tinha a ver com a falta de autocontrole!

Embora tivesse se casado com pompa numa igreja, Bill não via necessidade de freqüentá-la com regularidade. Isso pode ajudar a explicar algumas das escolhas que ele viria a fazer. Depois do casamento, Bill trabalhou para o sogro no ramo de vendas de produtos no atacado. Ele e a noiva começaram a ter problemas quase imediatamente depois disso, mas Bill resolveu não se aborrecer, recusando-se a discutir. Em vez disso, optou pelo distanciamento. O casal ainda teve três filhos adoráveis, mas o relacionamento nunca saiu da superficialidade.

Mais ou menos na mesma ocasião em que os negócios com vendas de produtos no atacado começou a andar mal, os supermercados começaram a se popularizar. Bill e um sócio abriram a Wilco Foods, mas seguiram por caminhos diferentes porque o temperamento dos dois não combinava. Bill associou-se a duas outras pessoas — uma delas, o sogro — e a loja experimentou um sucesso estrondoso.

Bill é extrovertido e amável, mas um certo desejo de experimentar coisas novas o levou a passar por situações de grande dificuldade. Ele estava vivendo de maneira desordenada, por isso o sogro e o sócio pediram a Bill que assumisse o controle da própria vida. Como ele não o fez, os outros tiveram de demiti-lo — e precisavam garantir que ele compreendesse a mensagem implícita em tal gesto. Assim, certo dia, o xerife da cidade chegou no escritório de Bill com uma determinação do juiz, segundo a qual ele teria de deixar o local em, no máximo, quatro horas. Por causa das indiscrições de Bill, a esposa pediu o divórcio. Ele ficou desempregado, recebendo 49 dólares por semana — muito aquém do contracheque de mil dólares semanais que vinha recebendo.

As dificuldades surgiram na negociação da venda de seu negócio. Naquele momento, Bill reconheceu que precisava de Deus para ajudá-lo a colocar a vida novamente nos trilhos. Lembrou-se da mãe, que sempre falava como ele era amado por Jesus, e assim, tornou-se um cristão.

Depois de entregar a vida a Cristo, Bill começou a ler a Bíblia e deixou todas as amizades de caráter duvidoso. Começou, também, a namorar, mas ao estudar a Palavra de Deus, compreendeu que o sexo fora do casamento é errado. Assim, terminou com aquele relacionamento também. A partir do que leu na Palavra de Deus, aprendeu que precisava ser justo, honesto e moralmente limpo. Isso tudo exigia autocontrole, e aquelas conclusões mudaram a vida de Bill.

Deus concedeu a ele um novo tipo de respeito pelas mulheres, e então Bill pediu perdão pelo estilo de vida que adotara antes. Freqüentou um seminário cristão de uma semana sobre aprimoramento do caráter. Tal iniciativa fortaleceu sua fé, e ele começou a confiar em Deus em tudo quanto fazia.

Como acontece com muitos de nós, Bill passou por altos e baixos. Em determinados momentos, tinha muito dinheiro; em outros, beirou a falência. Quando finalmente chegou a um acordo com seus ex-sócios, montou sua loja e abriu a Costas Foods, em 1972. Os primeiros seis meses foram terríveis. Estava perdendo dinheiro, por isso pensou em vender a firma, mas não conseguia encontrar um comprador. Depois de orar, ele se sentiu melhor e um ano depois, os negócios começaram a decolar e a empresa tornou-se lucrativa.

Os tempos eram difíceis, de fato, mas Bill havia prometido ao Senhor que sempre abriria a loja pela manhã com uma oração, e que não a faria funcionar aos domingos — e cumpriu seu voto, embora o banco o pressionasse a fazer o contrário. Parecia que Deus colocara sua mão sobre Bill, pois o desastre foi evitado.

Ele começou a realizar encontros semanais de oração e estudo bíblico com os gerentes. Falava sempre a respeito de sua fé, e não abria mão de dedicar cerca de dez minutos do treinamento de novos funcionários para dar seu testemunho, explicar por que a Bíblia era tão importante para ele e entregar um exemplar da Palavra de Deus. Ninguém era obrigado a aceitar, mas Bill gravava o nome de cada novo funcionário na Bíblia que entregava. Durante os trinta anos em que foi proprietário daquela empresa, praticamente todas as pessoas aceitaram o presente. Bill orgulha-se disso, pois conduziu seu negócio da forma que Deus queria que ele o fizesse, ou seja, tratando de maneira justa não apenas os consumidores, mas os funcionários também.

Quando os filhos terminaram a faculdade, Bill os convidou para se juntarem a ele na loja. Logo eles abriram uma filial, e outra em seguida. Em determinado momento, empregavam 325 pessoas.

Uma série de coisas interessantes aconteceu quando Bill teve de contratar alguém para o lugar de sua contadora, que estava grávida. Diane preencheu a ficha para se candidatar a um emprego na loja porque ouvira falar que Bill era cristão. Ela fora criada num lar de menonitas. Havia se casado, mas o marido era um devasso. Depois de perdoá-lo inúmeras vezes, já grávida de sua terceira filha, não conseguiu mais suportar as indiscrições daquele homem e pediu o divórcio. Não muito depois de Diane começar a trabalhar na loja, Bill passou a se interessar por ela. Diane estava orando para encontrar um homem de Deus, e Bill também orava pedindo para achar uma mulher de índole cristã. Conforme os dois falavam de Cristo no trabalho, o relacionamento foi se tornando mais intenso, até que, por fim, eles decidiram, quase de uma hora para outra, que deveriam se casar o quanto antes.

Bill fez tudo de acordo com os velhos costumes. Conversou com o pai de Diane e pediu a ele permissão para casar com sua filha. O pai queria entender por que eles tinham tanta pressa, mas Bill insistiu com elegância e, assim, o casamento foi marcado. Depois disso, seguiu-se um período de grande confusão — alguns dias de grande tumulto para que tudo fosse organizado. Isso aproximou as duas famílias. Eles oravam diariamente de joelhos, pedindo as bênçãos de Deus.

A família que formaram juntava a filha e os dois filhos de Bill com as três filhas de Diane, chamadas Whitney, Marcy e Jamie, as quais ele adotaria posteriormente. A grande família não demorou a aprender a viver unida e em paz. Hoje, são muito próximos uns dos outros e abençoados por Deus.

Em 1975, Bill concorreu ao senado dos Estados Unidos, e em 1976 e 1978, tentou uma vaga no Congresso. Em 1980, foi eleito senador no Estado de Indiana, cargo que exerceu por oito anos. Naquele mesmo ano, a pedido dos filhos, deu início a um centro de serviços automotivos na propriedade vizinha à do supermercado. Mais tarde, abriu dois outros supermercados e um lava-carros. Em 1998, Bill vendeu a loja por um preço muito lucrativo.

Depois da venda, Bill e Diane decidiram viajar a Israel. Na hora de fazer o exame médico exigido, os médicos descobriram um ponto no pulmão de Bill. Foram à Clínica Mayo e descobriram que o ponto no pulmão de Bill era cancerígeno. Ele foi submetido a um tratamento, e hoje em dia está livre da doença. O Senhor também cuidou de Bill no momento em que ele teve de passar por uma cirurgia no coração muito delicada. Essas experiências fortaleceram o desejo ardente que Bill tinha de falar de sua fé.

Sim, Bill amadureceu sua fé, e o autocontrole é hoje uma regra em sua vida. Em todos esses anos, ele construiu uma grande reputação. Quando decidiu concorrer ao cargo de senador, colheu com facilidade as assinaturas de onze distritos eleitorais. Por causa de sua boa reputação, foi convidado a participar de um debate com os outros candidatos. Como seu sobrenome começa com a letra "c", ele falou antes dos demais, um ex-prefeito de Indianápolis e um ex-governador de Indiana. Durante o debate, Bill foi muito ousado ao falar sobre sua fé cristã. Suas declarações deram o tom da discussão, e os outros dois candidatos puseram de lado o discurso pronto que haviam levado e também falaram com paixão sobre o tema.

Bill, já chegando aos oitenta anos de idade, pediu a Deus que não o rejeitasse no momento da velhice, e que não o abandonasse "quando se vão as minhas forças". (Salmo 71:9) Sua vida tem sido uma série de aventuras emocionantes. Passou por altos e baixos, mas por causa da confiança que tem em Deus, por ser obediente ao Senhor e por falar de sua fé aonde quer que vá, chegará o dia em que será elevado aos céus. Bill se entusiasma ao falar de sua fé e de seu futuro eterno.

A história de Bill deve ser uma lição objetiva para todos nós: quando colocamos nossa fé em Cristo, o resultado é vida eterna com ele e com aqueles que amamos na terra e reconheceram a Cristo como Senhor. A verdade é que o caminho de Deus ainda é o melhor caminho.

Dr. Ben Carson

> Melhor é o homem paciente do que o guerreiro, mais vale controlar o seu espírito do que conquistar uma cidade.
>
> (Provérbios 16:32)

Muita gente diz que o Dr. Ben Carson, diretor da Neurocirurgia Pediátrica e professor de Cirurgia Neurológica do Hospital Johns Hopkins, é um homem brilhante. Ele dá um sorriso e diz: "É verdade, eles *enchem a minha bola*, mas a realidade é que, se pude trazer algumas idéias criativas e inovadoras à profissão, principalmente relacionadas ao nascimento de gêmeos siameses, é porque recebi um dom de Deus." Ele deixa claro que o Senhor é quem dirige sua vida e coloca novas idéias em sua mente.

O Dr. Carson, vencedor do prestigiado prêmio Horatio Alger, é reconhecido internacionalmente e muito respeitado hoje em dia, mas sua história poderia ter sido muito diferente. Aos quatorze anos, ele tentou esfaquear outro adolescente usando um grande punhal de acampamento. A lâmina acertou uma fivela de metal sob a roupa do outro jovem e quebrou, impedindo que ele sofresse qualquer ferimento.

Ben ficou horrorizado quando percebeu que perdera o controle a ponto de tentar matar alguém por causa de um incidente banal. Trancou-se no banheiro e chorou diante de Deus. Ele disse: "Quando parei para pensar nas coisas terríveis que me esperavam por causa de meu temperamento explosivo, peguei a Bíblia e comecei a ler versículos do livro de Provérbios." Havia muitas passagens que falavam da raiva e das confusões nas quais ela nos mete, mas a que realmente o impressionou estava em Provérbios 16:32: "Melhor é o homem paciente do que o guerreiro, mais vale controlar o seu espírito do que conquistar uma cidade."

Ben passou três horas pensando naquilo, orando e lendo, e ele contou que, quando saiu do quarto, era uma pessoa realmente transformada. O que não é nenhuma surpresa. Quando lidamos diretamente com nosso Senhor e nos humilhamos diante dele, a resposta vem. Fico pensando: será que foi mesmo uma coincidência o fato de o punhal acertar a fivela de metal? Nunca teremos a certeza, mas o futuro de Ben Carson foi alterado por aquele incidente. Como ele afirma, "foi o dia em que me tornei um cristão de verdade". E digo que também foi o dia em que ele recebeu o fruto do autocontrole.

Uma das coisas mais bonitas relacionadas à certeza de onde passaremos nossa eternidade é a sensação de paz e confiança que essa convicção nos proporciona. O Dr. Carson sente que é uma pessoa privilegiada por ser capaz de realizar cirurgias que mudam a vida das pessoas. A neurocirurgia é uma das carreiras mais estressantes do mundo, e ainda assim o Dr. Carson se sente em paz com aquilo que faz. Ele diz: "Sei que Deus toma conta de tudo. Minha única responsabilidade é fazer o melhor que puder e permitir que o Senhor faça o restante."

Um dos versículos bíblicos favoritos do Dr. Carson é Provérbios 3:5,6, que diz: "Confie no SENHOR de todo o seu coração e não se apóie em seu próprio entendimento; reconheça o SENHOR em todos os seus caminhos, e ele endireitará as suas veredas." O Dr. Carson cita esse versículo para deixar bem claro que a fonte de sua força e de sua realização pessoal é o Senhor. Ele sempre busca a orientação e a sabedoria de Deus, e dá ao Senhor o crédito pelas coisas aparentemente impossíveis que conquistou.

Quando tem de passar por obstáculos intransponíveis e confronta o desânimo, o Dr. Carson diz que Filipenses 4:13 — "Tudo posso naquele que me fortalece" — renova seu entusiasmo e proporciona confiança para se esforçar em fazer as coisas que os outros consideram impossíveis.

O Dr. Ben Carson está absolutamente correto em seu entendimento: quando ele faz o melhor que pode, fica à vontade para descansar. Deus está no controle, e nossa única responsabilidade é a de sermos dignos da confiança do Senhor. Não somos responsáveis pelos resultados, assim como não podemos querer levar o crédito por esses resultados.

Não podemos levar o crédito pelo amor, pela alegria, pela paz, pela paciência, pela amabilidade, pela bondade, pela fidelidade, pela mansidão e pelo autocontrole, mas honramos e glorificamos a Deus quando esses frutos do Espírito Santo se manifestam em nossa vida.

Parte IV:

VOCÊS OS RECONHECERÃO POR SEUS FRUTOS

Capítulo 10

Um relacionamento íntimo

Meu Pai é glorificado pelo fato de vocês darem muito fruto; e assim serão meus discípulos. Como o Pai me amou, assim eu os amei; permaneçam no meu amor. Se vocês obedecerem aos meus mandamentos, permanecerão no meu amor, assim como tenho obedecido aos mandamentos de meu Pai e em seu amor permaneço. Tenho lhes dito estas palavras para que a minha alegria esteja em vocês e a alegria de vocês seja completa.

(João 15:8-11)

A próxima história — a última deste livro — fala de uma vida transformada, vivida com grande alegria, em obediência e disponibilidade diante do Senhor Jesus Cristo. Trata-se de uma história com a qual estou muito familiarizado. A transformação dessa pessoa, que vivia totalmente perdida e hoje é amada e perdoada, foi tão evidente que chegou a ser impressionante, até mesmo miraculosa, para todas as pessoas que receberam a bênção de testemunhá-la.

Tive o privilégio de batizar minha neta Amey, a quem chamo "Sunshine" ["Brilho do Sol"], quando ela tinha doze anos, mas ela ainda não estava salva. Não conhecia a Cristo como Senhor. Envolveu-se em todas as coisas que as jovens não deveriam se envolver, até que, por fim, percebeu como era uma pessoa terrivelmente triste.

Minha esperança é a de que, quando você ler a história de Amey, sinta o poder do amor de Cristo nas palavras que sei que ela escreveu debaixo de muita oração, e que veja como o relacionamento pessoal que ela tem com Cristo faz com que o desejo de levar as boas novas do amor de Jesus aos lugares aonde ela vai seja o maior em seu coração.

Amey "Sunshine" Fair

Ele me tirou de um poço de destruição, de um atoleiro de lama; pôs os meus pés sobre uma rocha e firmou-me num local seguro. Pôs um novo cântico na minha boca, um hino de louvor ao nosso Deus. Muitos verão isso e temerão, e confiarão no SENHOR.

(SALMO 40:2,3)

Na verdade, tenho apenas dez anos de idade. Não dá para perceber quando você olha para mim. Por fora, pareço uma jovem mulher que acaba de entrar na faixa dos trinta anos, mas meu coração nasceu para a vida numa noite quente de setembro, em 1997, quando entreguei minha vida a Deus. Foram longos 21 anos que me levaram até aquela noite.

Quando criança, eu aceitava com facilidade que havia um Deus, e falava com ele com freqüência. Havia pessoas na minha família que eram cristãs, mas minha mãe e meu pai adotivo, que professavam o Cristianismo, estavam envolvidos com alcoolismo. Conseqüentemente, fui criada num lar que tinha "aparência de piedade, mas negando o seu poder". (2 Timóteo 3:5)

Agora, quando paro para pensar no que aconteceu durante aqueles anos, posso ver que aquela fé infantil, que já tive, desgastou-se com o tempo. Senti-me insegura, triste e sozinha... como uma criança. Meus pais se divorciaram quando eu ainda era pequena, e quando completei seis anos, minha mãe casou-se com o homem ao qual hoje me refiro como "papai".

Trago comigo memórias afetuosas dos anos que eu e minha mãe passamos juntas, só nós duas. Eu absorvia a atenção dela, e cheguei até a acompanhá-la no emprego algumas vezes. Nunca me ocorreu que ela pudesse estar interessada em se casar novamente, mas quando ela o fez, fiquei entusiasmada com meu novo irmão e minhas duas novas irmãs. Tive um devaneio sobre como seria a vida ao lado de irmãos, por isso dá para imaginar o meu desânimo quando as coisas não aconteceram de acordo com o planejado. Como qualquer outra pessoa que já tenha batalhado para unir duas famílias sabe muito bem, esse ajuste geralmente é difícil e penoso. Os anos que se seguiram foram marcados por palavras agressivas, discussões e situações de abuso, enquanto meus pais lutavam com a bebida e cada um de nós tentava encontrar seu espaço na família que acabara de se formar.

Quando eu tinha quase nove anos, minha mãe aproximou-se de mim certa noite e disse que participaria de uma reunião para pessoas que vivem com alcoólicos. Contou-me que o vício da bebida de papai tinha saído do controle, e ela queria que ele recebesse ajuda. Depois de compreender, por intermédio dos Alcoólicos Anônimos, que ela própria era uma dependente da bebida, os dois começaram a freqüentar juntos aquelas reuniões. Passei os anos seguintes de minha vida convivendo com outros "filhos de AA", enquanto os pais assistiam às reuniões. Às vezes, parecia que morávamos lá, pois eram encontros muito freqüentes. Foi naquela época que meus pais começaram a descobrir e a depender de Deus. Vi a transformação que aconteceu, e nossa família começou a se estabilizar um pouco, mas a insegurança já havia formado raízes em minha vida, e os anos da adolescência estavam prestes a começar.

Aos quatorze anos, fumei meu primeiro cigarro. Dali fui *promovida* à maconha e ao LSD. Experimentei aquilo com uma turma da pesada do colégio, e fui transferida para duas outras escolas antes de freqüentar aquela em que completaria o Ensino Médio. Meus pais estavam fazendo o melhor que podiam para me matricular num bom colégio, de modo que eu pudesse formar boas amizades e começar a fazer boas escolhas. Era a tentativa de cura geográfica para um problema de ordem espiritual.

Nós nos mudamos para Southlake, no Texas, e logo depois de entrar no colégio, comecei a beber. O álcool me fazia sentir corajosa, engraçada e desinibida, e a insegurança parecia desaparecer. Minha auto-estima era resultado de meus relacionamentos com os rapazes. Tomei as decisões mais terríveis de minha vida durante aquele período, e passados dez anos, Deus ainda está promovendo cura em minha vida por causa das coisas pelas quais passei na época. Meu vício em bebidas acabou me levando aos Alcoólicos Anônimos, mas a tentação do álcool era forte demais para resistir sem a força de um relacionamento real com Deus.

Uma coisa aprendi desde que me tornei uma cristã: fomos criados para o louvor de Deus. Por isso, se não o estamos louvando, encontraremos alguma outra coisa para louvar. Para mim, essa "outra coisa" era um rapaz que conheci no verão seguinte à minha formatura no Ensino Médio. Passei o ano seguinte vivendo em função dele, e no verão posterior, mudei-me para um lugar que ficava a dez horas de distância da casa em que morava para ficar perto daquele rapaz, na cidade em que ele fazia a faculdade.

O vício da bebida estava em seu auge, e apesar de ter conseguido abandonar por algum tempo, voltei a usar drogas. Quando o relacionamento se rompeu, cheguei ao fundo do poço. Lembro-me de dirigir de volta para Dallas, a bordo de meu Honda vermelho, sentindo como se não tivesse mais gosto em viver.

Nos seis meses seguintes, fiquei tão deprimida que mal conseguia dormir. À noite, eu me sentava na varanda da frente da casa, enquanto a vizinhança dormia, tentando articular um novo plano para minha vida que pudesse dar um jeito naquela confusão toda. Certa noite, contei meus problemas para a minha mãe. Ela começou a falar a respeito de Deus. Por dentro, eu revirei os olhos enfastiada. Já tinha ouvido aquilo tudo antes. Ela me encorajou a pedir a Deus que me despertasse o desejo de conhecê-lo melhor. Quando coloquei a minha cabeça sobre o travesseiro aquela noite, murmurei uma oração sem muita convicção diante de Deus, virei para o lado e dormi.

Seis meses depois, Deus respondeu à minha oração. Aquele ex-namorado foi à minha cidade e passamos o fim de semana juntos. Os pais dele disseram que pagariam uma viagem de avião para ele se concordássemos em ir à igreja com eles no domingo.

Durante o culto da noite, sentei-me na ponta da cadeira, não porque estivesse interessada no que o orador estava dizendo, mas porque estava prestes a sair daquele lugar! As pessoas levantavam as mãos e choravam na hora da apresentação musical. Eu nunca tinha visto aquilo antes, e tinha certeza de que não era bíblico. Foi então que as lágrimas vieram aos meus olhos sem que eu pudesse evitar, e me senti como se estivesse a ponto de explodir. Eu precisava sair dali. Pulei de minha cadeira e parti na direção do estacionamento.

Não conseguia parar de chorar, e sentia uma raiva que nunca experimentara antes. Não havia como explicar o furacão que estava abalando meu coração. Alguns minutos depois, saímos da igreja e deixei meu ex-namorado em casa. Voltei para casa dirigindo em meio a lágrimas, com a mente totalmente confusa. Não conseguia conciliar minhas emoções, por isso as minimizei, creditando aquele choro aos hormônios. Naquela noite, deitei-me na cama como se tivesse morrido. E foi aí que Deus se revelou.

Jamais encontrarei palavras adequadas para descrever o que aconteceu em meu quarto naquela noite. Foi uma visitação divina. O Espírito do Deus vivo desceu sobre aquele quarto e irrompeu em meu coração com um amor que a tudo consumia. Fiquei prostrada diante da mão de Deus, e enquanto chorava, lembro-me de ter dito: "Eu desisto, não sei mais como viver" por várias vezes, sem parar.

Naquele momento, o Espírito Santo passou a habitar em mim, e vi Deus como ele era de fato. Não se tratava de um estilo de vida. Também não era um sistema de regras. Ele não era batista, católico ou presbiteriano. Ele era o EU SOU. Era sobrenatural, poderoso. Era o Amor, puro e imaculado. E pela primeira vez em minha vida eu estava limpa, totalmente aceita e amada por Deus. Estava viva. O relógio devia marcar duas horas da manhã, e eu estava ansiosa para ligar para meus avós e contar a eles que tivera um encontro com Deus. A alegria tomou conta de mim a ponto de transbordar. Não consegui dormir, tamanho era o meu entusiasmo. Levantei-me na manhã seguinte e comecei minha jornada com Deus.

Encontrei uma igreja logo depois dessa experiência do novo nascimento, e a freqüentei por mais ou menos um ano, quando um missionário da organização Jovens com uma Missão (Jocum) pregou numa manhã de domingo. Eu estava orando, pedindo a Deus que realizasse seu plano em minha vida, e quando aquele homem começou a falar sobre o campo missionário, meu coração deu um salto dentro de mim de uma maneira que eu nunca tinha sentido antes. Sabia que tinha sido chamada para uma missão.

Então me inscrevi para participar das escolas de treinamento da Jocum, e passei o ano seguinte de minha vida no belo *campus* de Tyler, uma cidade no leste do Texas. Deus me mostrou o texto de Oséias 2:14 naquela época: "Portanto, agora vou atraí-la; vou levá-la para o deserto e falar-lhe com carinho." Naquele ano, amadureci muito. O Senhor tirou-me do mundo por algum tempo, de modo que eu pudesse ser discipulada e crescer em meu relacionamento com ele, livre da tentação e longe de todo tipo de distração.

Foi durante aquele ano que Deus livrou-me do vício do álcool e começou a curar as feridas que ainda carrego desde a infância. Foi durante aquele tempo que conheci Nathan Fair, o homem que se tornaria o meu marido.

Isso tudo aconteceu há nove anos, e ainda fico impressionada com essa aventura incrível chamada "relacionamento com Deus". Eu o vi usar minha vida para salvar e curar outras pessoas. Graças a ele, já levei a mensagem do Evangelho para a China, Mongólia, Dinamarca, Suécia, França, México, Guatemala e a todos os cantos dos Estados Unidos. Meu marido e eu fomos abençoados com um casamento maravilhoso, dois filhos lindos e saudáveis e outro que está a caminho. Enquanto escrevo estas linhas, mal posso acreditar que é a minha história pessoal.

Como posso expressar minha gratidão a ti, Senhor? Tua bondade ultrapassa qualquer medida.

Com o Filho de Deus brilhando dentro e por intermédio dela, Amey se tornou, de fato, minha garotinha "Sunshine". Sim, minha neta habita em Deus, e as palavras do Senhor habitam nela. Não há dúvida de que ela é uma discípula, pois produz muito fruto. Por essa razão, Deus é glorificado nela, e tal como ele prometeu, a alegria que o Senhor proporciona está dentro dela de maneira plena. Louvado seja o Senhor!

A transformação de Amey, que a fez brilhar tão intensamente, inspirou-me a buscar um relacionamento ainda mais profundo com Jesus Cristo do que aquele que antes achava possível — e encontrei aquilo que estava procurando. A maioria dos cristãos que conheço não passaram pelo mesmo tipo de experiência divina de Amey, mas sua jornada desde a falta de fé até o amor ardente por Jesus Cristo foi igualmente transformadora.

Alguma coisa o aborrece?

É possível que você tenha lido essas histórias e pensado: "Não sou assim. Jamais poderia ser assim, fazer tudo isso, sentir as mesmas coisas." Você se considera um cristão ou uma cristã, mesmo sem ver o fruto do Espírito em sua vida? Será que não falta uma transformação em sua vida?

Na introdução deste livro, comentei que alguns cristãos não agem como tal, e creio que sei qual é o motivo: ou eles não sabem que não conhecem a Cristo, ou não conhecem a Palavra de Deus o suficiente para saber como o Senhor deseja que eles vivam. Muitos não são transformados porque tomaram uma decisão por Cristo em suas mentes, em vez de fazê-lo de coração. Pode ser que tenham passado pelo que Sunshine passou quando tinha doze anos e foi batizada só para agradar aos pais. Ou então, decidiram que acreditavam em Deus, por isso caminharam pelo corredor entre os bancos da igreja e preencheram uma ficha, mas não se arrependeram de seus pecados nem pediram a Cristo para ser o Senhor de suas vidas. Não abdicaram dos direitos que tinham quando viviam no pecado, assim como nunca se sentiram compelidos a devorar a Palavra de Deus.

Talvez não tenham sentido o remorso que um cristão sente quando entristece a Deus; ou então não experimentaram o poder purificador e renovador que é derramado com o perdão de Deus. Essas pessoas apenas passaram a freqüentar a igreja com regularidade e a se perguntar por que não eram felizes, por que não sentiam a alegria e a paz que viam em outros cristãos. Começaram a achar que Jesus não era, assim, tão maravilhoso quanto tinham ouvido falar.

Será que essa descrição combina com a sua vida? Caso a sua resposta seja "sim", saiba que você não está só. Nem de longe! Permita-me explicar: o Barna Research Group, sediado em Ventura, na Califórnia, descobriu que menos de uma em cada três pessoas que afirmam ser cristãos renascidos adotam o conceito de verdade moral absoluta, segundo o qual algumas coisas são absolutamente certas e outras, absolutamente erradas sob toda e qualquer circunstância. Além disso, poucos norte-americanos recorrem à fé como principal referência quando tomam decisões de ordem moral e ética.

Outro dado que o estudo do grupo Barna descobriu é que um número considerável de pessoas que afirmam ser cristãs crê que condutas como o aborto, a homossexualidade, a união informal, o uso de bebidas e o gosto pela pornografia são moralmente aceitáveis.[1] A Bíblia afirma, de maneira muito clara, que todas essas coisas são erradas e nocivas, ainda que persista certa opinião secular geral de que vale tudo, desde que ninguém seja prejudicado.

Os princípios morais contidos na Bíblia devem ser a base de nossos pensamentos e de nossas ações, independentemente de nossas preferências, nossos sentimentos e nossa situação. Precisamos aprender e crescer no conhecimento de Cristo e de sua Palavra para que possamos saber como a Bíblia nos orienta em relação aos nossos princípios morais. Fico muito triste ao constatar que muitos cristãos não estão sendo discipulados, nem estão recebendo orientação. Por causa disso, a vida dessas pessoas não é muito diferente da daqueles que não crêem. Pergunte a si mesmo se a sua vida reflete Cristo habitando dentro de você.

Até agora, neste livro, escrevi sobre o caminho de Deus, que é o melhor caminho, e sobre a proclamação das boas novas sobre Jesus no universo empresarial. Escrevi sobre cristãos transformados e contei várias histórias de pessoas cujas vidas demonstram os frutos evidentes do Espírito Santo e sabedoria inspirada na Bíblia. Mas nada do que coloquei no papel até agora é tão importante quanto aquilo que estou prestes a abordar nas páginas seguintes.

Se você ainda não fez o mesmo que minha neta Amey, deixe agora mesmo de se rebelar contra Deus. Confesse que você não sabe o que é viver de verdade. Peça a ele para ser o Senhor de sua vida, resgatar você da iminência da destruição e do poço de lama. Permita que ele coloque seus pés sobre uma rocha, de modo que seus passos sejam firmes. Convide-o a colocar um novo cântico em seus lábios, uma canção de louvor a Deus, para que muitas pessoas com quem você convive diariamente possam ver, temer e confiar no Senhor.

Capítulo 11

Falando de Cristo a outras pessoas

> Então, Jesus aproximou-se deles e disse: "Foi-me dada toda a autoridade nos céus e na terra. Portanto, vão e façam discípulos de todas as nações, batizando-os em nome do Pai e do Filho e do Espírito Santo, ensinando-os a obedecer a tudo o que eu lhes ordenei. E eu estarei sempre com vocês, até o fim dos tempos."
>
> (MATEUS 28:18-20)

CADA HOMEM E CADA MULHER CUJAS HISTÓRIAS VOCÊ TEVE A OPORtunidade de conhecer neste livro mantiveram ou mantêm um relacionamento pessoal com Jesus Cristo que até as pessoas que não crêem podem reconhecer. De Truett Cathy, da Chick-fil-A, que demonstra o amor de Cristo pelas crianças sem lar, até o Dr. Ben Carson, que adquiriu autocontrole e credita a Deus suas habilidades cirúrgicas miraculosas, as pessoas cujos frutos do Espírito analisamos neste livro são exemplos inspiradores de como podemos levar o amor de Deus aos ambientes empresariais do país.

No entanto, sem um relacionamento duradouro com Jesus Cristo, por intermédio de quem nosso coração se enche de louvor e devoção a Deus a ponto de transbordar, não temos absolutamente nada para apresentar ao mercado. Sem esse relacionamento íntimo, nossas tentativas de mostrar Jesus a outras pessoas se transformam em um esforço pessoal que não demonstra o poder nem a direção do Senhor. Esse tipo de esforço infrutífero é chamado "obras" nos círculos cristãos. As obras são o equivalente a acelerar o carro quando as rodas estão presas numa poça de lama. Por mais que você aperte o acelerador com toda a força até chegar ao assoalho do carro, só conseguirá fazer muito barulho e levantar lama, mas não conseguirá sair do lugar.

Certa vez, Charles Spurgeon declarou: "Se você não tem o Espírito de Deus, obreiro cristão, lembre-se de que está no caminho de outra pessoa; não passa de uma árvore que não produz fruto no lugar em que uma árvore frutífera deveria estar crescendo."[1] Para levar a mensagem de Jesus Cristo de maneira eficaz ao mercado e falar da esperança de seu amor e de sua glória com os outros, é preciso ser um cristão transformado, disposto a negar a si mesmo para servi-lo de maneira obediente. Todas as boas obras no mundo jamais serão suficientes para atrair as pessoas a Cristo se aquele que as está realizando não possui um relacionamento íntimo e pessoal com o Salvador.

O objetivo de Deus nunca foi o de apenas fornecer uma espécie de seguro contra incêndio para evitar que sejamos condenados ao inferno. O Senhor sempre desejou restaurar nosso relacionamento com ele e nos conduzir a um lugar no qual estivéssemos disponíveis para que ele recebesse glória e honra por meio de nossa vida.

Em João 15:7-11, Jesus revela o que está reservado para aqueles que nele habitam: "Se vocês permanecerem em mim, e as minhas palavras permanecerem em vocês, pedirão o que quiserem, e lhes será concedido. Meu Pai é glorificado pelo fato de vocês darem muito fruto; e assim serão meus discípulos. Como o Pai me amou, assim eu os amei; permaneçam no meu amor. Se vocês obedecerem aos meus mandamentos, permanecerão no meu amor, assim como tenho obedecido aos mandamentos de meu Pai e em seu amor permaneço. Tenho lhes dito estas palavras para que a minha alegria esteja em vocês e a alegria de vocês seja completa."

Quanto mais servimos a Deus, melhor o conhecemos e mais parecidos com Jesus nos tornamos, fornecendo, dessa maneira, evidências visíveis daquilo que é invisível. Dessa forma, o mundo à nossa volta começa a ver o Senhor Deus.

POR QUE DEVEMOS FALAR DE NOSSA FÉ?

Há muitas razões pelas quais devemos falar de nossa fé em Cristo para que outras pessoas o conheçam. Em primeiro lugar, essa foi a última coisa que nosso Senhor nos disse na Grande Comissão. Pouco antes de ascender aos céus para se juntar ao Pai celestial, Jesus disse: "Foi-me dada toda a autoridade nos céus e na terra. Portanto, vão e façam discípulos de todas as nações, batizando-os em nome do Pai e do Filho e do Espírito Santo, ensinando-os a obedecer a tudo o que eu lhes ordenei. E eu estarei sempre com vocês, até o fim dos tempos." (Mateus 28:18-20)

Outra razão pela qual devemos compartilhar ou *confessar* nossas experiências espirituais com outras pessoas é a bênção de Deus, prometida por Jesus em Lucas 12:8,9: "Eu lhes digo: Quem me confessar diante dos homens, também o Filho do homem o confessará diante dos anjos de Deus. Mas aquele que me negar diante dos homens será negado diante dos anjos de Deus."

A verdade é que, se Cristo estivesse fisicamente conosco, nos sentiríamos encantados e com muita vontade de apresentá-lo às pessoas. Permita-me lembrar que ele está vivo, e se você é um cristão ou uma cristã, ele habita dentro de você, e sua vida deve refletir sua presença. Jesus deseja que você conte aos outros sobre seu relacionamento com ele.

Se pretendemos fazer aquilo que Deus nos orientou, ou seja, divulgar as boas novas de Jesus Cristo, precisamos nos livrar daquele conceito que nos foi ensinado, segundo o qual não podemos impor nossa visão religiosa sobre os outros. Acredito que esse condicionamento é um dos principais fatores responsáveis pela inaptidão e pelo embaraço que muitos sentem quando estão diante da oportunidade de falar de sua fé. A proclamação do amor de Cristo na vida cotidiana é capaz de produzir efeitos de proporções inimagináveis. Mas não é possível proclamar o amor de Cristo apenas esperando que pareçamos cristãos, ou que as pessoas nos perguntem sobre Jesus, como se tivéssemos medo de ofendê-las ao falar sobre o Salvador sem permissão expressa. Descobrir maneiras de criar oportunidades para falar sobre Jesus e o que ele significa em sua vida é um passo lógico para superar aquela sensação de embaraço. Este capítulo foi escrito com essa intenção!

MANEIRAS PRÁTICAS DE FALAR DE CRISTO

Quando pensamos em como falar de Cristo às outras pessoas com as quais convivemos diariamente, devemos começar com oração. Acho que os cristãos deveriam orar sempre a respeito daquilo que dizem e de como oferecer um testemunho eficaz diante das outras pessoas. Assim, não se precipitariam em falar daquilo que pensam, e seriam mais sensíveis àquilo que o Senhor deseja que façam. Precisamos nos lembrar de que não somos a causa nem o efeito quando testemunhamos e falamos de Cristo. Ele é a causa, e se permitirmos, podemos e seremos usados pelo Senhor. Ele nos convoca para falar com outras pessoas a seu respeito, mas o resultado dessa proclamação está nas mãos de Deus, e não nas nossas.

Assim, na medida em que você submete sua vida e seus dias em oração à orientação do Senhor, aqui estão algumas maneiras simples e práticas de compartilhar sua fé em Cristo com aqueles que estão à sua volta.

Um broche de lapela com o peixe e o número 7

Uma das primeiras coisas pelas quais orei depois de receber a salvação, em 4 de julho de 1972, foi para que Deus me mostrasse uma maneira de começar a falar sobre ele com as pessoas. Em resposta à minha oração, Deus me deu a idéia de pegar o *ichtus*, aquele símbolo em forma de peixe que os primeiros cristãos usavam em tempos de perseguição, e colocar um broche de lapela com o número 7 sobre essa marca.

Raras são as semanas, ou mesmo os dias, que se passam sem que alguém me pergunte o significado do broche de lapela. Respondo que o peixe é o símbolo dos primeiros cristãos; o número 7 me lembra que há sete dias na semana, e todos pertencem a Jesus Cristo. Explico que não louvo um Senhor de meio expediente, por isso eu o sirvo em tempo integral. Não existe esse negócio de "cristão domingueiro". Você é ou não é cristão, e o dia da semana não tem nada a ver com isso. Aí pergunto à pessoa: "Você conhece Jesus?" Trata-se de uma boa maneira de começar a conversar, e hoje em dia milhares de pessoas em várias partes do mundo estão usando esse broche de lapela com o peixe e o número 7.[2]

Posso falar com você sobre uma coisa?

O Dr. Duke Heller, meu amigo de Columbus, em Ohio, começa as conversas sobre Jesus perguntando simplesmente: "Posso falar com você sobre uma coisa?" A resposta invariavelmente é positiva, e aí Duke usa seu estilo singular de testemunho, explicando que todos nós somos pecadores, mas a culpa não é só nossa; que herdamos nossa natureza pecaminosa de Adão, e que toda a humanidade é afligida com essa doença fatal, a não ser que encontremos a cura. Essa cura, é claro, está em Cristo.

Cartão-convite

Um dos recursos evangelísticos sobre os quais falamos na escola dominical de minha igreja e que descobrimos ser muito eficaz é um pequeno cartão de apresentação chamado "cartão-convite", que entregamos ao convidar pessoas para visitar nossa classe e a igreja para ouvir uma grande mensagem e belas músicas. Quando almoço ou janto fora com minha esposa (e o tempo e as circunstâncias permitem), geralmente puxo uma conversa com o garçom. Depois de perceber que existe uma interação, pergunto: "Bem, a grande pergunta é a seguinte: você já encontrou uma igreja para freqüentar?" Às vezes, a resposta é "sim"; outras vezes, é "não". Então eu o convido a visitar minha igreja e entrego o cartão-convite com as informações detalhadas que precisarão, se resolverem ir mesmo. Embora apenas um em cada dez cumpram a promessa de visitar a igreja, várias pessoas tiveram a oportunidade de conhecer a Cristo como resultado daquele convite tão simples.

Permita-me esclarecer desde já que devemos ser ousados, mas não desagradáveis ou inoportunos em nosso testemunho. Com certeza, não devemos interferir no trabalho em que a pessoa está envolvida. Colocar um funcionário numa encrenca com a gerência só servirá para denegrir a eficácia de seu testemunho.

Se você é feliz e sabe disso... demonstre!

Quando falamos de Cristo com outras pessoas, devemos ter certeza de que estamos compartilhando a alegria do Senhor com elas. A alegria de nossa salvação deve brilhar, de modo que as pessoas queiram aquilo que nós, cristãos, já temos. Quem gosta de perder tempo com gente que carrega sempre um semblante pessimista? A Bíblia afirma que a alegria do Senhor é nossa força (Neemias 8:10), e as palavras "alegria" e "júbilo" são usadas mais de 250 vezes na Palavra de Deus.[3]

O Salmo 32:11 afirma: "Alegrem-se no Senhor e exultem, vocês que são justos! Cantem de alegria, todos vocês que são retos de coração!" Batemos palmas, vibramos e gritamos quando nosso time faz um gol ou vence uma partida. Com certeza, é muito mais importante que a alegria verdadeira se reflita em nosso semblante, nossa vida e nosso testemunho de Cristo.

Trata-se de um investimento

De longe, a melhor maneira de testemunhar sobre Jesus é com a própria vida, como um cristão autêntico deve fazer. Testemunhamos diante das outras pessoas por meio das palavras que dizemos, usando a linguagem do amor — sem blasfêmias, aspereza, raiva ou fofocas de qualquer natureza.

A maneira pela qual nos vestimos também é uma forma de testemunho. Josh McDowell afirma que, quando nos vestimos de um jeito que suscita um apetite que não podemos satisfazer espiritualmente, estamos em pecado.

Podemos mostrar a cruz e outros símbolos cristãos nas bijuterias e jóias que usamos. Podemos assinar um cheque e a correspondência com um versículo bíblico. Em meus livros, incluo uma página perto da capa especificamente preparada para meu autógrafo, e quando assino meu nome, sempre coloco junto um versículo das Escrituras — geralmente, um texto que fale da salvação.

Testemunhamos quando participamos da vida na igreja, da escola dominical ou de estudos bíblicos. Testemunhamos na maneira como tratamos o cônjuge, os filhos, os pais, os irmãos, os colegas, os amigos e até as pessoas que não conhecemos. Nem todos nós possuímos grandes habilidades de persuasão, mas devemos demonstrar o fruto da amabilidade. E a amabilidade atrai muita gente. Também constitui um ótimo argumento para estabelecer um relacionamento, sendo um passo fundamental para um testemunho bem-sucedido.

Meu amigo, o Dr. James Merritt, fala sobre o "pré-evangelismo", querendo dizer que, na maioria dos casos, você precisa estabelecer um relacionamento com a pessoa, e assim ganhar a confiança dela. Dessa forma, as palavras que você disser terão significado para aqueles a quem estiver falando do Evangelho.[4]

Começa em casa...

Sou profundamente grato pelo fato de cada um de meus filhos, assim como as pessoas com quem se uniram, conhecerem e amarem a Cristo, de modo que tenho a certeza de que passarei a eternidade com eles. Nossos filhos precisam ver como tratamos uns aos outros como cristãos. Devem notar o afeto, a gentileza e a consideração que temos uns pelos outros, e a forma como reagimos nas conversas e interações diárias. Será que eles nos vêem orando antes de cada refeição? Quando olham como nos curvamos em submissão diante de

Deus, sabem que respeitamos a autoridade do Senhor, e assim crescem bastante as chances de respeitarem nossa autoridade como pais.

Os filhos percebem o tom de voz que usamos. Eles observam a maneira como tratamos o balconista na loja e os garçons nos restaurantes. Eles notam como lidamos com os vizinhos. Ouvem nossas conversas sobre os colegas de trabalho. Percebem se somos fofoqueiros ou adeptos da Regra de Ouro.

Nossos filhos estão atentos a respeito das vezes que lemos a Bíblia. Notam se levamos a sério a vida de oração. Sabem, melhor do que qualquer outra pessoa, se freqüentamos cultos de louvor com fidelidade, se entregamos o dízimo e se apoiamos obras de caridade, não apenas com dinheiro (embora também possa ser uma maneira de fazê-lo), mas em termos de prestação de serviço, de incentivo e de ajuda aos menos privilegiados. Não estou dizendo que precisamos ser perfeitos, é claro, mas devemos todos fazer um grande esforço no sentido de obedecer aos mandamentos de Deus. Será que demonstramos que realmente amamos o Senhor nosso Deus de todo o coração, de toda a alma e de todo o entendimento, e amamos ao próximo como a nós mesmos? (Mateus 22:37-39)

Quando essas coisas são notadas em nossa família, há grandes chances de que nossos filhos também queiram ser integrantes do Reino de Deus. É claro que não há garantias a respeito disso. Os filhos crescerão e se transformarão em adultos que terão de escolher entre se entregar ou não a Jesus, mas é muito maior a possibilidade de que eles se tornem cristãos se virem que os pais vivem plenos em Cristo. Ser aquilo que o Senhor deseja que sejamos diante de nossos filhos também é uma forma de nos preparar para testemunhar no mercado profissional e na comunidade.

... E TRANSBORDA ATÉ CHEGAR AO AMBIENTE DE TRABALHO

No mercado profissional, nossos colegas podem ter uma visão ampla do tipo de cristãos que somos exatamente. Aparecemos na hora certa para trabalhar e ficamos até que terminemos tudo que precisamos fazer naquele dia? Durante os intervalos, tomamos cuidado de cumprir o horário permitido ou damos uma *esticadinha*? Trabalhamos como se fosse para o Senhor, o que significa dizer que não faz diferença se o supervisor ou o patrão está por perto? Somos sempre funcionários eficientes e motivados no modo como realizamos nossas tarefas?

Nossos colegas de trabalho estão atentos para o tipo de linguagem que usamos. Quando a fofoca está se espalhando, qual é a nossa reação? Participamos ou fugimos daquilo? Que tipo de piadas contamos ou gostamos de ouvir? Como tratamos nossos colegas de trabalho? Somos gentis e civilizados com eles? Aqueles de nós que ocupam cargos de supervisão ou gerência lidam de modo justo e respeitoso com as pessoas subordinadas? Demonstramos favoritismo ou somos justos, independentemente do fato de a pessoa ser um amigo, um membro da família ou um novato?

Há um ditado muito antigo e verdadeiro que diz que você ensina o que sabe, mas reproduz o que é. Isso não apenas é verdade na criação dos filhos, mas também no mercado profissional. Somos, de fato, a única Bíblia que algumas pessoas terão a oportunidade de ler, e devemos nos certificar de que elas estejam vendo cristãos cuja única motivação é agradar o pai celestial, se é que desejamos ser úteis para Cristo.

E SE VOCÊ NÃO TRABALHA?

E se você atualmente não está trabalhando fora de casa? Não tem problema. Seu *mercado* é aí mesmo, onde você está. Minha mãe tinha uma fé muito sólida, e demonstrava grande compaixão e amor pelas pessoas. Também tinha a convicção de que deveria falar aos outros sobre Jesus. Nos últimos anos de vida de minha mãe, uma de minhas irmãs mais velhas e o marido — Weldon e Turah Allen — a levaram para casa, de modo que pudessem cuidar dela.

Weldon estava sempre com minha mãe no jardim que ela adorava. Ela conhecia bastante sobre como criar pêssegos, tomates, feijão-manteiga, abóboras, milho e quiabo — pode escolher. Compreendia perfeitamente o que Jesus quis dizer quando falou que voltaríamos a sentir fome e sede, mas quando o pão da vida fosse repartido, nunca mais ficaríamos famintos ou sedentos (João 6:35).

Weldon Allen amou minha mãe tanto quanto qualquer um de seus filhos, e sempre a ajudou e encorajou muito. Enquanto trabalhavam juntos no jardim, em meio a tantas evidências do amor, da graça e da abundância de Deus, minha mãe compartilhou algo ainda mais precioso do que o amor que ela tinha pelos próprios filhos: ela falou do amor de Jesus para Weldon. Mamãe o convidou para se ajoelhar e entregar a vida a Cristo, e foi exatamente o que ele fez. Em todas as ocasiões em que agradeci a Weldon e a Turah por tomar conta de minha mãe com tanto carinho, ele sempre fazia questão de dizer que havia tirado um proveito muito maior daquele relacionamento. E tinha razão. Weldon foi útil, carinhoso, gentil e atencioso com minha mãe por algum tempo, mas ela, no *mercado* da vida, o levou à eternidade com Cristo, que dura para sempre.

Outro exemplo de alguém que levou o evangelho aos *mercados* de sua vida foi o coronel Jack Fain. Ninguém jamais falou a ele sobre Jesus, mas ele descobriu o Salvador enquanto lia placas colocadas à margem da rodovia, tal como "Jesus é o Caminho, a Verdade e a Vida"; "Jesus salva"; "Todos pecaram e foram destituídos da glória de Deus". Esses versículos penetraram na alma daquele homem, e um dia ele se ajoelhou, confessou os pecados e pediu a Cristo que entrasse em seu coração. Ele participava de avivamentos e falava sobre Jesus aonde quer que fosse.

Atualmente, com mais de noventa anos de idade, o coronel Fain não pode mais se locomover. Ainda assim, encontrou um jeito criativo de continuar falando de sua fé com os outros. Ele é uma daquelas pessoas que nunca bloqueiam o telefone para as ligações de agentes de *telemarketing*. Na verdade, ele vibra quando uma dessas pessoas liga. Ele sempre as trata com cortesia e graça, avisa que ouvirá tudo quanto elas têm a dizer, mas, em retribuição, elas também ouvirão a mensagem que ele tem para anunciar.

Recentemente, o coronel Fain falou do plano de salvação e levou um operador de telemarketing ao conhecimento de Cristo. A pessoa do outro lado da linha desligou o telefone em júbilo, e o coronel Fain sentiu uma alegria indizível e incomparável com qualquer outra coisa que possamos experimentar nesta terra.

O exemplo do coronel Fain, uma pessoa obediente e sempre disponível para Deus, coloca por terra qualquer tipo de desculpa "legítima" que possamos imaginar para não usar os recursos de que dispomos para contar a maior história que já existiu. Cristo não nos chama para sermos perfeitos, mas nos convoca para falar em alto e bom som — e isso inclui proclamar o Evangelho aos vizinhos e às pessoas que ligam para nós. Assim, como você pode ver, trabalhar numa empresa ou repartição não é a única maneira de alcançar as pessoas com as boas novas. O "mercado" está onde você estiver em contato com outras pessoas.

VÁ PARA O MERCADO

É impossível até imaginar as bênçãos eternas que recebemos quando somos fiéis para compartilhar nossa fé em Cristo e Deus nos usa para conduzir alguém a seu Reino. Quando você olha para a sua vida e vislumbra a eternidade, não seria maravilhoso ver seus filhos, amigos, parentes, netos e bisnetos, que agora poderão passar a eternidade ao seu lado porque, em determinado momento da vida, você levou alguém a Cristo, e essa pessoa ganhou mais uma para o Reino e assim por diante? Indiretamente, pode ser que você tenha conduzido ou venha a conduzir um de seus bisnetos ao Senhor. Nunca saberemos até que ponto Deus pode levar nossa fidelidade e produzir resultados miraculosos.

Na Grande Comissão, Jesus nos diz: "Vão." Ore e vá para o mercado profissional. Conte a todos que possam ouvir que Jesus é o Caminho, a Verdade e a Vida, e que ninguém pode ir ao Pai, a não ser por intermédio do Filho de Deus (João 14:6).

Conte a alguém, ainda hoje, que o caminho de Deus *ainda é* o melhor caminho!

Apêndice

Por que precisamos renascer?

A Bíblia revela que os seres humanos estão em condição de morte espiritual por causa do pecado e da iniqüidade. Coisas mortas não podem conviver com coisas vivas. Tudo que diz respeito ao Reino de Deus é vivo. Para entrar no Reino de Deus, os seres humanos também precisam ter vida. Essa vida é encontrada pela fé em Cristo Jesus.

Jesus é o meio que Deus providenciou para nos tirar da condição de morte espiritual e nos levar à vida. Jesus disse: "Eu sou o caminho, a verdade e a vida. Ninguém vem ao Pai, a não ser por mim." (João 14:6)

As condições de Deus para que as pessoas possam receber nova vida são os seguintes: devemos deixar de ser rebeldes em relação a ele, nos arrepender e reconhecer que Jesus é a fonte de vida da qual precisamos, recebendo essa vida pela fé. Não podemos simplesmente purificar nossa vida por conta própria; precisamos de uma vida absolutamente nova e transformada. Precisamos renascer. Esta é a verdade que as Escrituras revelam.

Portanto, as pessoas que não renasceram — ainda não foram transformadas pela graça salvadora de Jesus Cristo — não são cristãs de fato. Elas continuam numa condição de morte espiritual. Podem até ser filósofos cristãos que aceitam os ensinamentos de Jesus, mas a não ser que entreguem a vida ao Senhor e recebam a vida nova e eterna pela fé, continuarão na condição de morte.

Pode ser que a conversa que Nicodemos teve com Jesus ajude a esclarecer um pouco.

> Havia um fariseu chamado Nicodemos, uma autoridade entre os judeus. Ele veio a Jesus, à noite, e disse: "Mestre, sabemos que ensinas da parte de Deus, pois ninguém pode realizar os sinais miraculosos que estás fazendo, se Deus não estiver com ele." Em resposta, Jesus declarou: "Digo-lhe a verdade: Ninguém pode ver o Reino de Deus, se não nascer de novo". Perguntou Nicodemos: "Como alguém pode nascer, sendo velho? É claro que não pode entrar pela segunda vez no ventre de sua mãe e renascer!" Respondeu Jesus: "Digo-lhe a verdade: Ninguém pode entrar no Reino de Deus, se não nascer da água e do Espírito. O que nasce da carne é carne, mas o que nasce do Espírito é espírito. Não se surpreenda pelo fato de eu ter dito: É necessário que vocês nasçam de novo." [...]
>
> Porque Deus tanto amou o mundo que deu o seu Filho Unigênito, para que todo o que nele crer não pereça, mas tenha a vida eterna. Pois Deus enviou o seu Filho ao mundo, não para condenar o mundo, mas para que este fosse salvo por meio dele. Quem nele crê não é condenado, mas quem não crê já está condenado, por não crer no nome do Filho Unigênito de Deus. Este é o julgamento: a luz veio ao mundo, mas os homens amaram as trevas, e não a luz, porque as suas obras eram más. Quem pratica o mal odeia a luz e não se aproxima da luz, temendo que as suas obras sejam manifestas. Mas quem pratica a verdade vem para a luz, para que se veja claramente que as suas obras são realizadas por intermédio de Deus.
>
> (JOÃO 3:1-7;16-21)

Agradecimentos

COMO SEMPRE ACONTECE QUANDO ESCREVO UM LIVRO, PRECISO DE muita ajuda direta e indireta. Tudo começa com o processo do qual me valho, que consiste em ditar o que desejo que seja publicado. Laurie Magers, minha assistente executiva por mais de trinta anos, transcreve o que dito e o transforma em arquivos digitais de texto.

Minha filha mais nova, Julie Norman, edita meus livros. Ela e Laurie trabalham muito bem juntas. Julie arquivou cada exemplo e cada história que usei nos livros anteriores, o que me ajuda a evitar repetições. Julie e Laurie estão sempre em contato, e os conselhos que me deram em todos esses anos foram inestimáveis.

Os verdadeiros heróis deste livro são os homens e as mulheres que deram exemplos que julguei serem pessoalmente muito úteis. Há muito mais pessoas, e não é possível enumerar todas, mas sou eternamente grato a elas. Meu bom amigo Jeff Nyberg, ex-pastor da classe de escola dominical na qual dei aula, tem sido uma fonte particularmente útil de informações teológicas. Ele ainda me visita em casa, assim como nos comunicamos por telefone, fax e mensagens eletrônicas quando não tenho as respostas de que preciso. Sua disposição de responder e apontar fontes úteis é algo que não tem preço.

Nosso pastor na Igreja Batista em Prestonwood Baptist Church, o Dr. Jack Graham, me enche de confiança a cada domingo, quando *prega* e não *debate* o que está na Bíblia. Suas mensagens são poderosas e didáticas, o que resulta em cada vez mais pessoas entregando a vida a Cristo. Seu amigo e mestre, Dr. David McKinley, também contribuiu muito com as lições que ministrou e a disposição de responder às minhas perguntas — que, aliás, são muitas.

Outros pastores e estudantes da Bíblia que têm me ajudado bastante nesse esforço são o Dr. Ike Reighard, o Dr. James Merritt, o Dr. Paige Patterson, o Dr. Tim Timmons e meu amigo, o rabino Daniel Lapin.

O Dr. Frank Minirth, da Clínica Minirth, de Dallas, uma instituição respeitada em todo o país, respondeu com freqüência às minhas ligações, nas quais eu precisava confirmar algumas informações. Faço isso a partir de pontos de vista psicológicos, teológicos e fisiológicos, antes de escrever, gravar ou dizer alguma coisa.

A ajuda editorial que recebi de Joey Paul, Jennifer Stair e Kris Bearss foi inestimável. Sou grato pela Thomas Nelson ter colocado tanta gente talentosa à disposição para trabalhar comigo neste livro.

Aqueles de vocês que já leram outros livros meus sabem que confio totalmente na sensibilidade e no grande conhecimento de minha *noiva* há mais de sessenta anos. Quando me refiro a ela, chamo-a de "Ruiva". Quando converso com ela, chamo-a de "Docinho". Mas o nome dela é Jean. Ela está sempre pronta para assumir a responsabilidade pelas tarefas diárias que são muito importantes, muitas das quais não gosto de fazer de jeito nenhum, e quando tento, ficam malfeitas.

Ela me dá total liberdade para escrever, estudar e ensinar. Sua sensibilidade, seu amor, seu apoio e seu incentivo têm sido a força motriz de minha vida e me facilitado as coisas para fazer o que mais sei. O amor que ela dá é constante, e seu apoio nunca me falta — essas são algumas das razões pelas quais, depois de sessenta anos de casamento, estamos mais apaixonados do que nunca. Ela é a maior bênção de minha vida, e sou eternamente grato a Deus por tê-la concedido a mim.

Notas

PREFÁCIO

[1] Eu Chego Lá! Um guia otimista para vencer na vida. Rio de Janeiro: Record, 1990.

APRESENTAÇÃO

[1] Ed Silvoso. *Anointed for Business*. New York: Regal, 2006.

Capítulo 1

[1] *www.chick-fil-a.com/winshapefacts.asp*. O Chick-fil-A Bowl é um jogo especial de futebol americano universitário realizado anualmente em Atlanta, no Estado da Geórgia, desde 1968. (N.T.)

[2] Para conhecer mais sobre a história de John Eagan, veja CHAPLIN, Lois Trigg, *The Golden Rule at Work Since 1905* [A Regra de Ouro no ambiente de trabalho desde 1905], Birmingham: American Cast Iron Pipe Company, 2005].

CAPÍTULO 2

[1] BUFINNI, Brian. "Seven Biblical Principles to the Referral Process" ["Sete princípios bíblicos para o processo de recomendação"], em *Turning Point Workbook* [O guia da virada], publicação própria. Usado sob permissão.

CAPÍTULO 3

[1] Rede norte-americana de lanchonetes estilo *fast food* cuja proposta é a de produzir hambúrgueres da maneira mais tradicional. (N.T.)

[2] Usado com a permissão do Dr. Dick Furman.

[3] É possível saber mais sobre Wayne Alderson e sua experiência na Pittron Steel no livro *Stronger Than Steel: The Wayne Alderson Story* [Mais forte que o aço: a história de Wayne Alderson], de R. C. Sproul (Nova York: Harper and Row, 1999), assim como em *Theory R Management* [Gestão segundo a Teoria R], livro escrito por Alderson e a filha, Nancy Alderson McDonnell (Nashville: Thomas Nelson, 1994). Para mais informações sobre os seminários de negócios "Valor da pessoa — Teoria R", ministrados por Wayne Alderson, visite o site *www.valueoftheperson.com* (em inglês).

[4] Em *www.teambuilding.com/article_valuing_people.htm*.

Capítulo 4

[1] Em *www.usatoday.com/sports/preps/football/2003-09-10-mckissick-milestone_x.htm*.

[2] Ibid.

[3] Dos arquivos pessoais de John McKissick. Usado sob permissão.

[4] William MCKENZIE. "White Evangelicals, Black Churches Could Reshape Politics" ["Evangélicos brancos e igrejas negras podem redimensionar a política"], em *Dallas Morning News*, ed. 9 de novembro de 2003.

[5] "Showing the Alternative: Changed Hearts" ["Mostrando a alternativa: corações transformados"].

[6] William MCKENZIE, *op. cit.*

[7] Ibid.

[8] Para mais informações, leia Susan Everly-Douze, "Zebco Meets the Challenges of Fish-Eat-Fish Competition" ["Zebco enfrenta os desafios da concorrência selvagem"], em *Tulsa World*, ed. 26 de abril de 1992.

Capítulo 5

[1] Para obter mais informações sobre essa pesquisa, consulte *www.baylor.edu/hhtr/curves*.

Capítulo 6

[1] Mike Lopresti. "Times Have Changed for the Once-Shunned Miami" ["Os tempos são outros para o antes desprezado time de Miami"].

Capítulo 7

[1] Prêmio concedido a norte-americanos que se notabilizaram por superar grandes adversidades. (N. T.)

Capítulo 9

[1] Personagem da série *All in the Family*, exibida no Brasil sob o título *Tudo em família*. (N. T.)

Capítulo 10

[1] "Americans Are Most Likely to Base Truth on Feelings" ["Norte-americanos são mais propensos a basear sua fé nos sentimentos"], em *barna.org*, 12 de fevereiro de 2002.

Capítulo 11

[1] Charles Spurgeon, citado no *site Revoluzion*, setembro de 2006 (*revoluzion247.blogspot.com/2006_09_01_archive.html*).

[2] Se você tiver interesse em usar o broche com o peixe e o número 7 em seu testemunho pessoal, por meio de sua igreja ou denominação, visite nosso *site* (*www.ziglar.com*) ou envie uma mensagem eletrônica solicitando informações (*info@ziglar.com*). Adquira um ou mais para seu uso pessoal. Se preferir usá-lo como uma ferramenta evangelística para seu ministério e desejar adquirir uma

quantidade maior, podemos oferecer informações e fornecer o contato direto com o fabricante.

[3] Na *Nova versão internacional*. (N. T.)

[4] James MERRIT, em *Religion & Ethics Newsweekly*, edição de 26 de abril de 2002, nº 534.

Sobre o autor

Zig Ziglar é escritor de prestígio internacional. Como orador, já falou a milhares de homens de negócios, empresas da lista *Top 500* da revista *Fortune*, agências governamentais dos Estados Unidos, igrejas, educandários e organizações filantrópicas. Muitos de seus 26 livros se tornaram sucessos de venda, incluindo *Eu chego lá!*, *Os segredos da arte de vender* e *Como criar filhos com atitudes positivas num mundo negativo*. Ziglar também é diretor da Zig Ziglar Corporation e da Ziglar, Inc., que ajudam as pessoas a utilizar, de forma plena, seus recursos físicos mentais e espirituais. Ele e a esposa, "a Ruiva", vivem no Texas.

Este livro foi composto em fonte Bembo 12/15 e impresso pela Gráfica Ediouro sobre papel Pólen Bold 90g para a Thomas Nelson Brasil em novembro de 2007.